Jana-Maria Seiferth

Ist Zeitarbeit noch zeitgemäß?

Kritische Betrachtung der Vor- und Nachteile unter Berücksichtigung der Konsequenzen für das Sozialsystem

Jana-Maria Seiferth

Ist Zeitarbeit noch zeitgemäß?

Kritische Betrachtung der Vor- und Nachteile unter Berücksichtigung der Konsequenzen für das Sozialsystem

lehmanns media

Impressum

Bibliografische Information der Deutschen Nationalbibliothek
Die Deutsche Nationalbibliothek verzeichnet diese Publikation in der Deutschen Nationalbibliografie; detaillierte bibliografische Angaben sind im Internet unter `http://www.dnb.de` abrufbar.

Helmholtzstr. 2-9
10587 Berlin
Umschlag: Jasmin Plawicki • Leipzig
Umschlag/Foto: Wikipedia. User Pedrofuocoandrade, Lizenz 3.0 Unported (CC BY 3.0)
Satz & Layout: LaTeX(Libertinus) Volker Thurner • Berlin
Druck und Bindung: Totem • Inowrocław • Polen

ISBN 978-3-96543-427-1 www.lehmanns.de

Inhaltsverzeichnis

Abkürzungsverzeichnis

AAÜG	Anspruchs- und Anwartschaftsüberführungsgesetz
a. a. O.	an anderem Ort
Abb.	Abbildung
Abs.	Absatz
AEMLA	Arbeitsmarkteingliederungsmanagement für Langzeitarbeitslose
AEUV	Vertrag über die Arbeitsweise der Europäischen Union
AFKG	Arbeitsförderungskonsolidierungsgesetz
AFG	Arbeitsförderungsgesetz
AFRG	Arbeitsförderungsreformgesetz
AG	Arbeitgeber
AN	Arbeitnehmer
Anl.	Anlage
allg.	allgemein (e,-n)
ALG II	Arbeitslosengeld II
ALV	Arbeitslosenversicherung
Anh.	Anhang
ArbGG	Arbeitsgerichtsgesetz
Art.	Artikel(s)
AÜG	Gesetz zur Regelung der Arbeitnehmerüberlassung Arbeitnehmerüberlassungsgesetz
Aufl.	Auflage
ausdr.	ausdrücklich
AVAVG	Gesetz über Arbeitsvermittlung und Arbeitslosenversicherung
AVmG	Altersvermögensgesetz
AZR	Registerzeichen beim Bundesarbeitsgericht für Revisionsverfahren
BA	Bundesanstalt für Arbeit
BaFin	Bundesanstalt für Finanzdienstleistungsaufsicht
BAG	Bundesarbeitsgericht

bAV	betriebliche Altersvorsorge
BetrAVG	Gesetz zur Verbesserung der betrieblichen Altersversorgung Betriebsrentengesetz
BFH	Bundesfinanzhof
BGB	Bürgerliches Gesetzbuch
BGBl.	Bundesgesetzblatt ([Jahr], Band, Seite)
BGH	Bundesgerichtshof
BGM	Betriebliches Gesundheitsmanagement
BIP	Bruttoinlandsprodukt
BMF	Bundesministerium der Finanzen
BMAS	Bundesministerium für Arbeit und Soziales
BRSG	Betriebsrentenstärkungsgesetz
Bsp.	Beispiel(e)
bspw.	beispielsweise
BT A-Drs.	Aktuelle Bundestagsdrucksache
BT-Drs.	Bundestagsdrucksache
BT-StenBer	Bundestag Stenografischer Bericht/Plenarprotokoll
BT WD	Bundestag Wissenschaftliche Dienste
BVerfG	Bundesverfassungsgericht
BvR	Aktenzeihen einer Verfassungsbeschwerde beim Bundesverfassungsgericht
bzgl.	bezüglich
BZSt	Bundeszentralamt für Steuern
bzw.	beziehungsweise
ca.	circa
DDR	Deutsche Demokratische Republik
DGUV	Deutsche gesetzliche Unfallversicherung
d.h.	das heißt
DIHT	Deutscher Industrie- und Handelskammertag
DRV	Deutsche Rentenversicherung
Ebd.	Ebenda
ETF	Exchange Traded Funds
et al.	et alia
etc.	et cetera
€	Euro
Equal Pay	Gleiche Bezahlung
Equal Treatment	Gleichbehandlung
EuGH	Europäischer Gerichtshof

e. V.	eingetragener Verein
f.	folgende [Randziffer, Seite]
ff.	folgende [Randziffern, Seiten]
Fn.	Fußnote(n)
gem.	gemäß
ggf.	gegebenenfalls
GG	Grundgesetz
GKV	Gesetzliche Krankenversicherung
grdsl.	grundsätzlich
GRV	Gesetzliche Rentenversicherung
GUV	Gesetzliche Unfallversicherung
hins.	hinsichtlich
Hrsg.	Herausgeber
i. d. F. v.	in der Fassung von
i. d. R.	in der Regel
i. E.	id est, im Einzelnen
i. e. S.	im engeren Sinn
insb.	insbesondere
insg.	insgesamt
i. S.	im Sinne
i. S. d.	im Sinne der, im Sinne des
i. V. m.	in Verbindung mit
i. w. S.	im weiteren Sinne
KSchG	Kündigungsschutzgesetz
LAG	Landesarbeitsgericht
LeihAN	Leiharbeitnehmer
LeihArbRL	Leiharbeitsrichtlinie
Mrd.	Milliarden
NachwG	Nachweisgesetz
NAV	Normalarbeitsverhältnis
Nr.	Nummer
RentÜG	Rentenübersichtsgesetz
RGBl.	Reichsgesetzblatt
RHPflG	Reichshaftpflichtgesetz
Rn.	Randnummer
Rs.	Rechtssache

RVO	Reichsversicherungsordnung
S.	Seite
s. a.	siehe auch
SGB	Sozialgesetzbuch
SGB I	Das Erste Buch Sozialgesetzbuch – Allgemeiner Teil – (Artikel I des Gesetzes vom 11. Dezember 1975, BGBl. I S. 3015), das zuletzt durch Art. 5 BetriebsrentenstärkungsG vom 17.8.2017 geändert worden ist (BGBl. I S. 3214), 6. Auflage 2019
SGB III	Das Dritte Buch Sozialgesetzbuch – Arbeitsförderung – (Artikel 1 des Gesetzes vom 24. März 1997, BGBl. I S. 594, 595), das zuletzt durch Art. 1, Art. 2 QualifizierungschancenG vom 18.12.2018 geändert worden ist (BGBl. I S. 2651), 6. Auflage 2019
SGB IV	Das Vierte Buch Sozialgesetzbuch – Gemeinsame Vorschriften für die Sozialversicherung – in der Fassung der Bekanntmachung vom 12.11.2009 ((BGBl. I S. 3710, ber. S. 3973 und 2011 S. 363), das zuletzt durch Art. 4 G zur besseren Vereinbarkeit von Familie, Pflege und Beruf v. 23.12.2014 (BGBl. I S. 2462), 4. Auflage 2015
SGB V	Das Fünfte Buch Sozialgesetzbuch – Gesetzliche Krankenversicherung – (Artikel 1 des Gesetzes vom 20. Dezember 1988, BGBl. I S. 2477, 2482), das zuletzt durch Art. 7 Pflegepersonal-StärkungsG vom 11.12.2018 geändert worden ist (BGBl. I S. 2394), 6. Auflage 2019
SGB VI	Das Sechste Buch Sozialgesetzbuch – Gesetzliche Rentenversicherung – in der Fassung der Bekanntmachung vom 19. Februar 2002 (BGBl. I S. 754, 1404, 3384), das zuletzt durch Art. 3 GKV-VersichertenentlastungsG vom 11.12.2018 geändert worden ist (BGBl. I S. 2387) (BGBl. I S. 2462), 6. Auflage 2019
SGB XI	Das Elfte Buch Sozialgesetzbuch – Soziale Pflegeversicherung – in der Fassung der Bekanntmachung vom 26. Mai 1994 (BGBl. I S. 1014), das zuletzt durch Art. 1 Fünftes ÄndG vom 17.12.2018 (BGBl. I S. 2587), 6. Auflage 2019
sic	sic erat scriptum (so stand es geschrieben)
tw.	teilweise
TV BZ ME	Tarifvertrag über Branchenzuschläge für Arbeitnehmerüberlassungen in der Metall- und Elektroindustrie
TV LeiZ	Tarifvertrag Leiharbeit/Zeitarbeit
TVöD	Tarifvertrag für den öffentlichen Dienst
u. a.	und anderen/m
USA	United States (of America)
u. v. m.	und vieles mehr
v.	von
v.a.	vor allem
vgl.	vergleiche
vorl.	vorläufig
VP	Versicherungspflicht

z. B.	zum Beispiel
ZPO	Zivilprozessordnung
ZR	Zurückbehaltungsrecht

„Es war einmal eine Idee,
ein armes, schmächtiges Wesen –
da kamen drei Dichter des Weges, o weh,
und haben sie aufgelesen.

Der eine macht' einen Spruch draus –
dies hielt die kleine Idee noch aus,
der zweite eine Ballade –
da wurde sie schwach und malade;

der dritte wollt sie verwenden
zu einem Roman in zwei Bänden –
dem starb sie unter den Händen!"

(Otto Sommerstorff)

Einleitung

Durch die Zunahme von atypischen Beschäftigungsverhältnissen wird das deutsche Sozialsystem auf eine harte Probe gestellt. Immer wieder ist zu erleben, dass Menschen[1] auf die Straße gehen und für höhere Löhne kämpfen, weil ihr Geld zum Leben nicht reicht. Auch wenn Deutschland aktuell so viele Erwerbstätige wie nie zuvor hat, ist nicht von der Hand zu weisen, dass viele von diesen Erwerbstätigen für sehr wenig Geld arbeiten. Diese Menschen arbeiten oft in atypischen Beschäftigungsverhältnissen wie einer Befristung, in Teilzeit, in einem Minijob oder in Leiharbeit[2]. Sicherlich bringt die Leiharbeit Menschen schnell in Arbeit, doch ihre Beschäftigung ist oft prekär[3].

In beruflichen Gesprächen mit vielen Erwerbstätigen in ganz Deutschland ist mir immer wieder aufgefallen, dass die Menschen, die in einer Arbeitnehmerüberlassung tätig waren, dort nie wieder arbeiten wollen. Die Gründe sind oft zu wenig Geld, zu viele verschiedene Einsätze bei verschiedenen Unternehmen und der Umstand, dass die Einsätze i. d. R. nicht am Wohnort, sondern viele hunderte Kilometer davon entfernt sind.

Ironischerweise suchen aktuell so viele Unternehmen Arbeitnehmer wie nie zu vor. Damit dürfte die Nachfrage nach Leiharbeitern doch eigentlich nachlassen. Dies geschieht aber irgendwie nicht.

Und es ist mir aufgefallen, dass Menschen, die in Zeitarbeit tätig waren, viel weniger Rentenansprüche während dieser Zeit erworben haben als normal Beschäftigte.

Das führt zu den Fragen, um die es in diesem Buch gehen soll:

---

[1] Zur besseren Lesbarkeit wird das generische Maskulinum verwendet. Menschen aller Geschlechter sind ausdrücklich einbezogen. Berufs- oder Tätigkeitsbezeichnungen bzw. Beschäftigungsbegriffe, die in diesem Buch verwendet werden, gelten demnach für alle Geschlechter.

[2] Die Begriffe Zeit-, Leiharbeit, Arbeitnehmerüberlassung und Personalleasing werden synonym verwendet.

[3] Vgl. Brinkmann et al. (2006), S. 17: „Als prekär kann ein Erwerbsverhältnis bezeichnet werden, wenn die Beschäftigten aufgrund ihrer Tätigkeit deutlich unter ein Einkommens-, Schutz- und soziales Integrationsniveau sinken, das in der Gegenwartsgesellschaft als Standard definiert und mehrheitlich anerkannt wird. Und prekär ist Erwerbsarbeit auch, sofern sie subjektiv mit Sinnverlusten, Anerkennungsdefiziten und Planungsunsicherheit in einem Ausmaß verbunden ist, das gesellschaftliche Standards deutlich zuungunsten der Beschäftigten korrigiert."

- Wie äußert sich eventuell die Benachteiligung von Leiharbeitnehmern (LeihAN) verglichen mit normal Beschäftigten?
- Ist eine Benachteiligung tatsächlich immer gegeben?
- Welche Konsequenzen haben die Unterschiede – für den Leiharbeitnehmer, aber auch für das Sozialsystem?
- Welche gesetzlichen Regelungen haben die Entwicklung begünstigt und begünstigen sie in der Gegenwart?

Das ist die Situation, wie sie sich gegenwärtig darstellt: Leiharbeit findet häufig, wenn auch nicht ausschließlich, bei Tätigkeiten mit einem geringen Anforderungsniveau statt. Damit verbunden ist auch, dass die Bruttoarbeitsentgelte in der Leiharbeit i. d. R. deutlich unter den durchschnittlichen Entgelten aller Beschäftigten liegen. Mehr als die Hälfte der Leiharbeiter übt eine Helfertätigkeit aus. Demgegenüber trifft das nur auf weniger als 15 % aller sozialversicherungspflichtig Vollzeitbeschäftigten zu. LeihAN sind überwiegend männlich. Etwa 30 % haben keinen Berufsabschluss.

Der Ausländeranteil liegt bei über 40 %.[4] Viele LeihAN sind jünger als 35 Jahre. Die Arbeitnehmerüberlassung ist durch hohe Fluktuation gekennzeichnet. Das Risiko, beschäftigungslos zu werden, ist für Leiharbeiter durchschnittlich sechsmal höher als bei normaler Beschäftigung. Daraus resultiert auch ein überproportional hoher Aufwand für die Arbeitsvermittlung im Vergleich zu anderen Beschäftigungsverhältnissen.[5]

Die gesetzlichen Regelungen zur Arbeitnehmerüberlassung führen immer wieder zu Streitigkeiten. Das betrifft u. a. die Anwendung tarifvertraglicher Regelungen und die Auslegung von Bestimmungen des Arbeitnehmerüberlassungsgesetzes (AÜG). Die Statistik der Bundesagentur für Arbeit weist geringere Medianwerte der Bruttoarbeitsentgelte von Leiharbeitnehmern im Vergleich zu allen Beschäftigten aus. Bei Helfern und Fachkräften liegen die Werte von Leiharbeitnehmern etwa 25 % unter denen für alle Beschäftigten ausgewiesenen, bei Spezialisten und Experten sind es nur etwa 12 %.

Mit 1.799 € ist 2021 der Median der Bruttoarbeitsentgelte bei Helfern am geringsten. Unter Berücksichtigung aller Leiharbeitnehmer beträgt dieser Wert 2.083 €.[6] Die gesetzlichen Regelungen zur Arbeitnehmerüberlassung wurden häufig geändert. Mit der Überarbeitung des AÜG im Zuge der Hartz-Reformen wurde die Leiharbeit 2004 weitestgehend dereguliert. 2017 erfolgte dann eine größere Novellierung des Gesetzes, um die Vorgaben der EU-Leiharbeitsrichtlinie 2008/104 in deutsches Recht umzusetzen. Mit dieser Entwicklung des AÜG waren unterschiedliche Versprechungen verbunden.

[4] Die Angaben ergeben sich aus den Werten in der Tabelle in Anh. 10.

[5] Vgl. dazu Oschmiansky, F., Leiharbeit/Arbeitnehmerüberlassung/Zeitarbeit 2020. Die Angaben beziehen sich auf Grund des Datums der Publikation auf das Jahr 2019 oder eventuell früher.

[6] Vgl. dazu BA, Blickpunkt Arbeitsmarkt 2022, S. 24; Anh. A10.

War anfangs die Begründung, mit Leiharbeit auf vorübergehende Anforderungen des Arbeitsmarktes flexibel reagieren zu können, wurde Leiharbeit später damit begründet, durch ihren Einsatz Arbeitslosigkeit zu reduzieren und mit ihr einen Übergang in normale Beschäftigungsverhältnisse zu unterstützen. In jüngster Vergangenheit gibt es den Anspruch, Gleichstellung der wesentlichen Arbeitsbedingungen von Leiharbeitern mit denen vergleichbarer Beschäftigter im Einsatzbetrieb herzustellen – wenn nicht sofort, dann wenigstens nach einer „Wartezeit".

1995 sagte Helmut Kohl in einer Rede im Deutschen Bundestag:

„Wer die Vergangenheit nicht kennt, kann die Gegenwart nicht verstehen und die Zukunft nicht gestalten."[7]

Eine fast wortgleiche Aussage wird auch August Bebel zugeschrieben. Die Herausforderungen für die Gestaltung von Wirtschaft und Arbeitsmarkt für die Zukunft sind gewaltig. Bei der Suche nach Antworten auf die eingangs angerissenen Fragen mit Blick auf die Leiharbeit kann deshalb eine Rückschau in die Vergangenheit nicht schaden.

Zwei Entwicklungsstränge sollen deshalb in folgenden Abschnitten skizziert werden.

Zum einen sind es die unterschiedlichen Etappen bei der Herausbildung und Entwicklung der sozialen Marktwirtschaft seit Ende der 1940er Jahre.[8] Eine bis in die Gegenwart wirkende Weichenstellung ist schon unter Bismarck mit der auf dem Versicherungsprinzip basierten Sozialgesetzgebung erfolgt. Die soziale Marktwirtschaft mit ihrer Verbindung von Ordoliberalismus mit sozialer Gerechtigkeit und Sicherheit hat der Bundesrepublik bis Anfang der 1990er Jahre zu Stabilität und wirtschaftlichem Erfolg verholfen. Die dann einsetzende Globalisierung und Deregulierung im wirtschaftlichen Bereich ist von Veränderungen auf dem Arbeitsmarkt begleitet worden. Das hat – und das ist die andere damit verbundene Entwicklung – auch im Bereich der Arbeitnehmerüberlassung seit 1972 immer wieder zu Änderungen und Nachjustierungen des gesetzlichen Rahmens in diesem Bereich geführt haben. Darauf soll im Weiteren aufgebaut werden, die gegenwärtige Situation im Bereich der Arbeitnehmerüberlassung zu skizzieren, Intentionen von Regelungen und erreichten Stand zu vergleichen.

Ein besonderes Augenmerk wird dabei auf die individuellen Auswirkungen von Leiharbeit auf die Alterssicherung von LeihAN geworfen. Die zu normal Beschäftigten vorhandene Entgeltlücke wirkt sich bei ihnen nicht nur auf das gegenwärtige Lebensniveau, sondern wegen der aus dem Bruttoarbeitsentgelt abgeleiteten Rentenansprüche auch auf die Höhe der Bezüge im Alter und die Möglichkeiten zu privater Vorsorge aus. Das ist genau das, was, wie schon erwähnt, wiederholt in Gesprächen mit

[7] Vgl. BT-StenBer 13/41, 1.6.1995, S. 3183 (B).

[8] Ein Irrtum ist es, ihren Beginn in die 1960er Jahre zu verlegen (vgl. BT-StenBer 19/228, 7.5.2021, S. 29170 (D)).

betroffenen ehemaligen LeihAN registriert wurde. Anhand vorliegender statistischer Daten wird versucht zu identifizieren, welche Gruppen von Leiharbeitern besonders betroffen sind. Obwohl die Problematik in der öffentlichen Diskussion für atypische Beschäftigungsverhältnisse immer wieder adressiert wird, scheint dazu nur wenig Material vorzuliegen. Trotzdem soll am Ende – wenigstens ansatzweise – versucht werden, nicht bei der Beschreibung der Probleme stehenzubleiben, sondern auch Ideen für Lösungsansätze zu skizzieren.

Aber auch aus gesamtwirtschaftlicher Sicht drängt sich die Frage auf:

Passt Zeitarbeit noch in unser heutiges Sozialsystem vor dem Hintergrund einer abnehmenden Zahl von Beitragszahlern für das Rentensystem?

Deshalb wird nicht nur auf die individuelle Perspektive geblickt. Durch die Absenkung der Lohnkosten ergeben sich langfristig enorme Folgen für das Sozialsystem und für ein ganzes Land.

So zeigen sich auf der einen Seite intrapersonelle Konsequenzen (wer weniger verdient, bekommt auch weniger Arbeitslosengeld, weniger Krankengeld, weniger Rente) und auf der anderen Seite die interpersonalen Konsequenzen, weil eventuell immer größere Steuerzuschüsse erforderlich sind, um das System zu stabilisieren. Das erfordert dann aber nicht zuletzt eine leistungsfähige Wirtschaft.

Die Entwicklung Deutschlands zu einem Billiglohnland ist da wahrscheinlich nicht erfolgversprechend und auf Leiharbeit als Mittel zur Personalkostenreduktion zu setzen, kann keine Perspektive sein.

Kapitel 1

DAS DEUTSCHE SOZIALSYSTEM

Das Prinzip der Sozialversicherung

1.1 Kurze Geschichte der Sozialversicherung

Das System der sozialen Sicherung hat sich historisch in Abhängigkeit von den jeweiligen kulturellen, politischen und rechtlichen Verhältnisse entwickelt. Gesetzgebung ist unter diesem Blickwinkel auch immer eine Folge zeitbedingter Antworten auf typische soziale Problemlagen, so dass nicht immer logische Konsistenz erwartet werden kann.[9] Grundstrukturen des Systems der sozialen Sicherung sind über lange Zeit unverändert geblieben und Anpassungen sind mit Kompromissen verbunden, die sich aus unterschiedlichen Interessen und Einflussmöglichkeiten von Arbeitgebern und Arbeitnehmern, Staat und gesellschaftlichen Organisationen ergeben. Damit ist auch der Handlungsspielraum bei evolutionären Veränderungen begrenzt.

Das gegenwärtige System der sozialen Sicherung in Deutschland beruht auf dem Versicherungs-, dem Versorgungs- und dem Fürsorgeprinzip. Das Versicherungsprinzip basiert auf der Einzahlung von Beiträgen zur Absicherung sozialer Risiken. Umgesetzt wird es durch die gesetzliche Sozialversicherung. Dazu gehören die gesetzliche Krankenversicherung (GKV), die gesetzliche Rentenversicherung (GRV), die deutsche gesetzliche Unfallversicherung (DGUV), die gesetzliche Arbeitslosenversicherung (ALV), Arbeitsförderung und die gesetzliche Pflegeversicherung. Zu GKV, GRV,

[9] Vgl. dazu Stolleis, M., Geschichte des Sozialversicherungsrechts 2003, S. 1; Stolleis drückt es mit Blick auf die Gesetzgebung wie folgt aus: „Allzuviel systemische Logik ist dabei nicht zu erwarten."

GUV, ALV und Pflegeversicherung zahlen Arbeitgeber und Arbeitnehmer einkommensabhängige Beiträge. Zur DGUV sind nur die Arbeitgeber zur Beitragszahlung verpflichtet. Die soziale Versorgung gemäß dem Versorgungsprinzip umfasst die Kriegs- und Gewaltopferversorgung zur Entschädigung Betroffener, Zahlungen von Kinder- und Elterngeld als familienpolitische Maßnahmen und bei Bedürftigkeit Wohngeldzahlungen.

Die Versorgung wird aus Steuermitteln finanziert. Das Fürsorgeprinzip ist Grundlage für die Sozialfürsorge. Diese umfasst die Grundsicherung für Arbeitssuchende[10], sowie die Sozialhilfe für nicht erwerbsfähige Hilfsbedürftige und zur Grundsicherung im Alter und bei Erwerbsminderung. Beim folgenden Blick auf die Entwicklung des Systems der sozialen Sicherheit wird versucht, auf das Wechselspiel zwischen den der jeweiligen Zeit geschuldeten Absichten und Möglichkeiten und den sich daraus ergebenden gesetzlichen Regelungen einzugehen. Ausgangspunkt ist dabei die Sozialgesetzgebung unter Bismarck nach der Proklamation des Deutschen Kaiserreiches 1871. Als Folge der an Bedeutung gewinnenden industriellen Massenproduktion in Großbetrieben (Fabriken) mit einem hohen Grad an Arbeitsteilung wuchs im 19. Jahrhundert auch in Deutschland stetig die Zahl der aus überschaubaren Strukturen in die schnell wachsenden Städte ziehenden Menschen, die dort als Arbeiter (!) tätig wurden. Die Industrialisierung war durch die Aufhebung vieler Regulierungen wie Zunftordnungen und Leibeigenschaft befördert worden. Die damit einhergehende Wirtschaftspolitik des Laissez-faire führte aber auch zu Krisen und sozialen Spannungen.[11] Damit verbunden war ein wachsender Einfluss politischer Kräfte, die die neue soziale Schicht repräsentierten und von denen Bismarck „systemübergreifende Umwälzungen sozialer und politischer Natur“ [12] befürchtete.

Durch das Gesetz gegen die gemeingefährlichen Bestrebungen der Sozialdemokratie[13] (kurz Sozialistengesetz genannt) versuchte er, möglichen Entwicklungen, die das politische System destabilisieren, entgegenzuwirken.

Die Konsequenzen des gesellschaftlichen Wandels sollten andererseits durch „Konzessionen an soziale Bedürfnisse der Arbeiter“[14] mit der Sozialgesetzgebung abgemildert werden. Ausgangspunkt für die Sozialgesetzgebung war 1881 die Einbringung eines Gesetzes, betreffend die Unfallversicherung der Arbeiter (!). Begründet wurde das Gesetz u. a. damit, dass „der Staat sich in höherem Maße als bisher seiner hilfsbedürftigen Mitglieder annehme[n solle und dies] ist nicht blos

---

[10] Gegenwärtig werden Änderungen der Regelungen zur Grundsicherung im Alter angestrebt (vgl. BT-Drs. 20/1413).

[11] Vgl. dazu Eucken, W., Grundsätze der Wirtschaftspolitik 1959, S. 34f.

[12] Engelberg, E., Bismarck 1990, S. 302.

[13] RGBl. I 1878, Nr. 34.

[14] Engelberg, E., a. a. O., S. 380.

eine Pflicht der Humanität und des Christenthums, von welchem die staatlichen Einrichtungen durchdrungen sein sollen, sondern auch die Aufgabe staatserhaltender Politik, welche das Ziel zu verfolgen hat, auch in den besitzlosen Klassen der Bevölkerung, welche zugleich die zahlreichsten und am wenigsten unterrichteten sind, die Anschauung zu pflegen, daß der Staat nicht blos eine nothwendige, sondern auch eine wohlthätige Einrichtung sei." [15]

Schon vor der Verabschiedung des Unfallversicherungsgesetzes erfolgte 1883 eine Einigung über das Gesetz betreffend die Krankenversicherung der Arbeiter.[16] Durch die zuvor bestehenden Regelungen mussten Arbeiter bei Orts- und Fabrikwechsel unter Umständen erhebliche finanzielle Nachteile hinnehmen.[17] Durch das neue Gesetz wurde auf einheitlicher Grundlage der Versicherungszwang für den gegen Lohn und Gehalt länger als eine Woche beschäftigten Personenkreis und der Umfang der Versicherungsleistungen wie Gewährung ärztlicher Behandlung und von Heilmitteln geregelt. Zu den Leistungen gehörte ebenfalls die Zahlung von Krankenunterstützung für maximal dreizehn Wochen. Der Vielfalt bestehender Krankenkassen (Betriebs- (Fabrik), Bau- und Innungs-Krankenkassen, Knappschafts- und Hilfskassen) wurde Rechnung getragen. Gemeinden wurden berechtigt, Ortskrankenkassen zu erreichten. Beiträge waren zu „zwei Dritteln vom Arbeiter und zu einem Drittel vom Unternehmer" [18], nur bei den meist von Arbeitern gegründeten und verwalteten Hilfskassen ausschließlich von letzteren zu tragen.[19]

Das Unfallversicherungsgesetz[20] konnte erst 1884 verabschiedet werden. Geregelt wurde der „zu bemessende Ersatz des Schadens, welcher durch Körperverletzung oder Tod" entsteht. Mit Ausnahme der vorsätzlichen Herbeiführung eines Unfalls sollten die Leistungen ohne Berücksichtigung der Schuldfrage erfolgen. Träger der Versicherung waren die von den Unternehmern zu errichtenden Berufsgenossenschaften. Die entstehenden Kosten sollten in Abhängigkeit vom Jahresarbeitsverdienst der Beschäftigten und dem Grad der Unfallgefahr im Unternehmen ausschließlich auf die Mitglieder der Berufsgenossenschaften jährlich umgelegt werden. Vor Inkrafttreten des Gesetzes führten Auseinandersetzungen über Unfallentschädigungen auf Basis

[15] StenBer über die Verh. des RT. 4. Legislaturperiode – IV. Session 1881. 3. Bd., Aktenstück Nr. 41, Anl. 2, 228; Ähnlich argumentiert wird auch in der von Bismarck verlesenen „Allerhöchsten Botschaft" des Kaisers zur Eröffnung der V. Legislaturperiode des Reichstags im November 1881. S. a. Anlage A1 S. 95.

[16] RGBl. I 1883, Nr. 9, S. 73–104.

[17] Vgl. dazu Engelberg, E., a. a. O., S. 380.

[18] Engelberg, E., a. a. O., S. 392.

[19] Vgl. dazu ebd., S. 380.

[20] RGBl. I 1884, Nr. 19, S. 69–111.

des Reichshaftpflichtgesetzes[21] aus dem Jahr 1871 zu zahlreichen Prozessen, die nun durch das Unfallversicherungsgesetz vermieden werden konnten. Das war sowohl im Interesse der Unfallgeschädigten als auch der Unternehmer.[22]

Als dritte Säule der Sozialgesetzgebung unter Bismarck folgte 1889 das Gesetz, betreffend die Invaliditäts- und Altersversicherung.[23] Versichert waren Arbeiter und andere Beschäftigte mit einem begrenzten Jahresarbeitsverdienst. Grundgedanke war, versicherte Personen, die zeitweise oder dauernd nicht mehr imstande waren, durch Lohnarbeit ihren Lebensunterhalt zu bestreiten, abzusichern. Ohne Nachweis der Erwerbsunfähigkeit konnte nach Vollendung des siebzigsten Lebensjahres eine Altersrente gezahlt werden. Die Jahresarbeitseinkommen wurden in Lohnklassen eingeteilt, nach denen sich die laufenden Beiträge richteten, die zu gleichen Teilen von Arbeitgebern und Versicherten aufzubringen waren. Vom „Reich" wurden gem. § 19 des Gesetzes Zuschüsse zu den jährlich zu zahlenden Renten erbracht.

Mit dem skizzierten Ansatz der Bismarckschen Sozialreform war die Grundstruktur der Gesetze zu GKV, GUV und GRV bis in die Gegenwart vorgezeichnet. Auch ist es bei der auf dem Versicherungsprinzip basierenden Finanzierung von Versicherungsleistungen geblieben. Dieser Ansatz führte zunächst zur Entlastung der Kommunen bei der Armenpflege aus Steuermitteln. Der Ablehnung der zur Finanzierung ihrer sozialen Sicherheit herangezogenen Arbeiter wurde durch die enge Bindung von persönlichem Nutzen und gefordertem Aufwand entgegengewirkt. Die „betriebspolitische Funktionalität der Arbeiterversicherung" hemmte den Widerstand der Arbeitgeber gegen diese Entwicklung.[24]

Mit der Reichsversicherungsordnung[25] wurde mit Wirkung vom 1. Januar 1912 die Bismarcksche Sozialgesetzgebung in einem einheitlichen Regelwerk zusammengefasst. Ab 1975 wurde die RVO schrittweise durch das SGB[26] abgelöst. Einige der weiteren Regelungen der Sozialgesetzgebung bis 1945 waren die Ausweitung des Versicherungsschutzes im Alter auf die wachsende Zahl von Angestellten mit dem Versicherungsgesetz für Angestellte[27] und der Bekanntmachung der neuen Fassung des Angestelltenversicherungsgesetzes[28]. Im Zuge der Demobilisierung nach dem 1.

[21] Reichshaftpflichtgesetz (RHPflG), betreffend die Verbindlichkeit zum Schadenersatz für die bei dem Betrieb von Eisenbahnen, Bergwerken, Steinbrüchen, Gräbereien und Fabriken herbeigeführten Tötungen und Körperverletzungen RGBl. I 1871, Nr. 25, S. 207–209.

[22] Vgl. dazu Engelberg, E., a. a. O., S. 381.

[23] RGBl. 1889, Nr. 13, S. 97–144.

[24] Vgl. dazu Reidegeld, E., Staatliche Sozialpolitik in Deutschland 2006, S. 233f.

[25] RGBl. I 1911, Nr. 42, S. 509–838.

[26] BGBl. I 1975, Nr. 140, S. 3015–3029.

[27] RGBl. I 1911, Nr. 68, S. 989–1069.

[28] RGBl. I 1924, Nr. 39, S. 563–606.

Weltkrieg wurde im November 1918 die Verordnung über Erwerbslosenfürsorge[29] verabschiedet. Sie sollte nicht den Rechtscharakter der Armenpflege haben und den Gemeinden und Gemeindeverbänden wurden Reichsmittel für diese Fürsorge bereitgestellt. Sie sollte aber „nur arbeitsfähigen und arbeitswilligen über 14 Jahre alten Personen, die infolge des Krieges durch Erwerbslosigkeit sich in bedürftiger Lage befinden, gewährt"[30] werden. War zuvor vor allem die Ungerechtigkeit der Verteilung ein Grund für sozialpolitische Eingriffe, so war es jetzt die durch Massenarbeitslosigkeit hervorgerufene Unsicherheit.[31] So bildete 1927 das Gesetz über Arbeitsvermittlung und Arbeitssicherung[32] einen neuen Zweig der Sozialversicherung für unselbständige Arbeitnehmer, der finanzielle Leistungen an Arbeitslose umfassender regelte. Verhindert werden konnten dadurch die verheerenden Folgen der Arbeitslosigkeit der Massen in der Weltwirtschaftskrise aber nicht, was mit zur Destabilisierung der Weimarer Republik beitrug.

„Hitlers Volksstaat" in den folgenden Jahren von 1933 bis 1945 charakterisiert Götz Aly u. a. auch als Zeiten der „Steuermilde für die Massen" und „Geldfülle für Wehrfreudige".[33] 1941 wurde die Krankenversicherung der Rentner eingeführt.[34] Durch das Gesetz über den Aufbau der Sozialversicherung[35] wurde 1934 die Selbstverwaltung der Sozialversicherung faktisch aufgehoben.

Das wissenschaftliche Fundament für den wirtschaftlichen Aufbau und die soziale Sicherung nach dem 2. Weltkrieg wurde im Westen Deutschlands größtenteils durch die Arbeiten von Walter Eucken und der Freiburger Schule des Ordoliberalismus und des in Münster wirkenden Nationalökonomen Alfred Müller-Harnack gelegt.

Auf Müller-Harnack geht auch der Begriff „Soziale Marktwirtschaft" zurück.[36] Die Umsetzung des Konzepts nach der Währungsreform von 1948 ist mit dem Namen des Bundeswirtschaftsministers Ludwig Erhard verbunden. Wegen seines Erfolgs fand es in breitesten Schichten Zustimmung.[37] Nach anfänglichem Widerstand ist dieses Prinzip des „Rheinischen Kapitalismus" auch von den Gewerkschaften unterstützt und mitgestaltet worden.[38] Eucken hatte als Grundlage für die Wirt-

[29] RGBl. I 1918, Nr. 153, S. 1305–1308.

[30] § 6 S. 1 Verordnung über Erwerbslosenfürsorge.

[31] Vgl. dazu Eucken, W., a. a. O., S. 127.

[32] RGBl. I 1927, Nr. 32, S. 187–220.

[33] Siehe u. a. Aly, G., Hitlers Volksstaat 2015, S. 66ff., 86ff.

[34] RGBl. I 1941, Nr. 126, S. 689–693.

[35] RGBl. I 1934, Nr. 75, S. 577–580.

[36] Müller-Armack, A., Wirtschaftslenkung und Marktwirtschaft 1946, S. 195–199 (Abschnitt V. Umrisse einer Sozialen Marktwirtschaft).

[37] Vgl. dazu Rittershausen, H., Wirtschaft 1964, S. 198f.

[38] Vgl. dazu u. a. Müller-Jentsch, W., Gewerkschaften und soziale Marktwirtschaft 2011, S. 193–198.

schaftsorganisation anstelle einer Zentralverwaltungswirtschaft[39] auf eine sich selbst regulierende Wettbewerbsordnung gesetzt, in der durch den Staat der Rahmen für die Wirtschaftstätigkeit gesetzt und gesichert wird, der Staat aber nicht in die Wirtschaftstätigkeit regulierend eingreift. Konstituierende Prinzipien sind dabei u. a. offene Märkte mit einem funktionierenden Preismechanismus, Geldwertstabilität, das Recht auf Privateigentum, Vertragsfreiheit, Haftung für eintretende Schäden und die Stabilität der Wirtschaftspolitik.[40] Sozialpolitik muss Erfolg haben, wenn die übrige Ordnungspolitik nicht scheitern soll. Andererseits versteht Eucken die Politik für eine geordnete Wirtschaft auch als Sozialpolitik, denn: „Die beste Sozialpolitik kann zu keinem befriedigenden Erfolg führen, wenn die Produktivität der menschlichen Arbeit gering ist."[41] Aus Sicht einer marktwirtschaftlichen Sozialpolitik wiederum heißt das, dass ihre Ziele mit marktkonformen Maßnahmen durchgesetzt werden sollen „ohne störend in die Marktapparatur einzugreifen", wie Müller-Armack schreibt.[42]

Das Anliegen der Sozialen Markwirtschaft hat im Artikel 20 Eingang in das 1949 verabschiedete Grundgesetz gefunden. „Die Bundesrepublik Deutschland ist ein demokratischer und sozialer Bundesstaat."[43] Eine Änderung dieses Artikels ist gem. Art. 79 Abs. 3 GG unzulässig. Das Grundgesetz bestimmt nicht, was ein „sozialer Bundesstaat" ist[44], regelt aber das Gesetzgebungsverfahren für den Bereich Sozialversicherung, Fragen der Sozialgerichtsbarkeit und der Stellung der sozialen Versicherungsträger.

Auf dieser Grundlage ist die Sozialgesetzgebung immer wieder an sich ändernde Rahmenbedingungen angepasst worden. Eine dieser Anpassungen an die wirtschaftliche Gesamtentwicklung war 1957 die Anpassung von Renten an die allg. Lohnentwicklung mit dem Arbeiterrentenversicherungs-Neuregelungsgesetz[45], dem Angestelltenversicherungs-Neuregelungsgesetz[46] und dem Knappschaftsrentenversicherungs-Neuregelungsgesetz[47]. Das 1988 verabschiedete Gesetz zur Strukturreform im Gesundheitswesen (Gesundheits-Reformgesetz)[48] vereinheitlichte im SGB V die Krankenversicherung für Arbeiter und Angestellte und sollte auch zur Senkung

[39] Zentralverwaltungswirtschaft war kennzeichnend für die deutsche Kriegswirtschaft bis 1945 und auch für das Wirtschaftssystem in der ehemaligen DDR.

[40] Vgl. dazu Eucken, W., a. a. O., S. 160-178.

[41] Ebd., S. 180.

[42] Müller-Armack, A., Soziale Marktwirtschaft 1956, S. 246.

[43] Art. 20 Abs. 1 GG.

[44] Ziele der Verwirklichung sozialer Gerechtigkeit und sozialer Sicherheit sind aber bspw. in §1 Abs. 1 Satz 2 SGB I fixiert – siehe auch Anlage A2 S. 97.

[45] BGBl. I 1957, Nr. 4, S. 45–87.

[46] BGBl. I 1957, Nr. 4, S. 88–131.

[47] BGBl. I 1957, Nr. 22, S. 533–568.

[48] BGBl. I 1988, Nr. 62, S. 2477–2597.

der Kosten des Gesundheitswesens beitragen. Mit dem Rentenreformgesetz 1992[49] erfolgte eine Vereinheitlichung der Rentenversicherung ebenfalls für Arbeiter und Angestellte im SGB VI.

Bestrebungen in den USA, Großbritannien und Japan waren seit den 1980er Jahren auf Globalisierung ausgerichtet. Damit verbunden sollte anstelle des Modells einer staatlich regulierten – i. S. einer staatlich geordneten - Wirtschaft ein neoliberales, also stärker marktradikales Wirtschaftsmodell treten.[50] Diese Politik veränderte zusammen mit den Kosten in Zusammenhang mit der Herstellung der Einheit Deutschlands nach 1990, dem demografischen Wandel und dem Ausbau der Europäischen Union auch die Marktordnung in der Bundesrepublik und damit auch das System der sozialen Sicherung. Mit dem 1995 in Kraft getretenen Gesetz zu Absicherung des Risikos der Pflegebedürftigkeit[51] wurde ein neuer Zweig der Sozialversicherung eingeführt. Mit dem Gesetz zur Ergänzung des Gesetzes zur Reform der gesetzlichen Rentenversicherung und zur Förderung eines kapitalgedeckten Altersvorsorgevermögens[52] (auch unter der Bezeichnung Rentenreform 2001 geläufig) sollte langfristig das Niveau der gesetzlichen Rente gesenkt werden und es wurde ergänzend eine private, staatlich geförderte Altersvorsorge eingeführt. Im Zuge der Umsetzung von Vorschlägen der Hartz-Kommission nach der Bundestagswahl 2002 wurden neben der Erweiterung der Möglichkeiten zur Arbeitnehmerüberlassung[53], durch die eine Reduzierung der Arbeitslosenzahlen erwartet wurde, auch das ALG II und die Sozialhilfe mit einem Gesetz vom 24. Dezember 2003[54] zusammengelegt. Ziele der Maßnahmen waren u. a. Wachstumsimpulse für die Wirtschaft zu geben und Sozialausgaben zu reduzieren.

Die für die soziale Sicherung erforderlichen Mittel gerecht aufzubringen und gerecht zu verteilen bleibt eine der großen Herausforderungen in der Zukunft für die Gesellschaft. Art und Umfang von Leistungen für die soziale Sicherheit können und müssen dabei den Notwendigkeiten bzw. Möglichkeiten angepasst werden. Die Möglichkeiten ergeben sich letztlich aus der wirtschaftlichen Leistungsfähigkeit, denn – um noch einmal Eucken zu zitieren: „Die beste Sozialpolitik kann zu keinem befriedigenden Erfolg führen, wenn die Produktivität der menschlichen Arbeit gering ist."[55] Neue Herausforderungen ergeben sich auch durch Globalisierung und den

[49] BGBl. I 1989, Nr. 60, S. 2261-2394.

[50] Vgl. dazu Steger, M.B., Globalization 2017, p. 41.

[51] BGBl. I 1994, Nr. 30, S. 1014–1073.

[52] BGBl. I 2001, Nr. 13, S. 403–418.

[53] Vgl. dazu Erstes Gesetz für moderne Dienstleistungen am Arbeitsmarkt (BGBl. I 2002, Nr. 87, S. 4607-4620).

[54] Vgl. dazu Viertes Gesetz für moderne Dienstleistungen am Arbeitsmarkt (BGBl. I 2003, Nr. 66, S. 2954–3000).

[55] Eucken, W., a. a. O., S. 180.

europäischen Einigungsprozess, um die „nationalen historischen Errungenschaften [nicht] unter den Händen zerrinnen“[56] zu lassen.

1.2 Finanzierung des Sozialsystems

Von Gerhard Mackenroth stammt „der einfache und klare Satz, dass aller Sozialaufwand immer aus dem Volkseinkommen der laufenden Periode gedeckt werden muss.“[57] Es ergibt sich die Frage, für welche Leistungen das Sozialbudget eingesetzt und wie es finanziert wird.

Übersicht über das Sozialbudget

Bisherige, geschätzte und für die Zukunft prognostizierte Werte für das Sozialbudget, das Bruttoinlandsprodukt und die daraus abgeleitete Sozialleistungsquote können dem Sozialbericht 2021 entnommen werden. 1960 lag der Wert der Sozialleistungsquote bei 18,3 %. 2019 betrug diese Quote 30,3 % und 2020 waren es 33,6 %. Für das Jahr 2020 wurde sie aus geschätzten Werten in Höhe von 1.119,4 Milliarden € für Sozialleistungen und 3.332,2 Milliarden € für das BIP ermittelt.[58] Für 2025 wird ein Wert von 32,1 % für die Sozialleistungsquote prognostiziert.[59] Die deutliche Steigerung im Jahr 2020 gegenüber 2019 ist wesentlich auf Bekämpfung von Folgen der Covid-19-Pandemie in den Bereichen Gesundheit, Soziales und Wirtschaft zurückzuführen ist.[60]

Der überwiegende Teil (etwa 62 %) des Sozialbudgets wurde 2020 für Leistungen der Sozialversicherungssysteme eingesetzt. Danach folgen mit 17,8 % Leistungen in den Förder- und Fürsorgesystemen, die u. a. für den Familienlastenausgleich, die Grundsicherung für Arbeitssuchende und die Kinder- und Jugendhilfe aufgebracht werden. 9,2 % des Sozialbudgets sind Leistungen der Arbeitgebersysteme. Dazu gehören die Entgeltfortzahlungen und Mittel für die betriebliche Altersvorsorge. Den Systemen des öffentlichen Dienstes werden 7,6 % des Sozialbudgets zugeordnet. Der größte Teil davon wird für Pensionen aufgewendet. Sondersysteme wie die private Altersvorsorge, private Krankenversicherung und die private Pflegeversicherung erbringen 3,4 % der Leistungen im Rahmen des Sozialbudgets. Weitere Leistungen entfallen auf Entschädigungssysteme.[61]

---

[56] Müller-Jentsch, W., Gewerkschaften und Soziale Marktwirtschaft seit 1945 2011, S. 198.

[57] Mackenroth, G., Die Reform der Sozialpolitik durch einen deutschen Sozialplan 1952, S. 41.

[58] BMAS, 2021, S. 316 (Tabelle I-1, Zeile 2020s); Anlage A3, Abb. 1 S. 98

[59] Ebd., S. 316 (Tabelle I-1, Werte für 2020 geschätzt, für 2019 vorl., Stand August 2021).

[60] Ebd., S. 242f.

[61] Ebd., S. 322 (Tabelle II Leistungen nach Institutionen, Zeilen 1, 2, 3, 4, 5 und 6 in Spalte 2020s); Anlage A3, Abb. 2 S. 98

Von den gesamten Leistungen der Sozialversicherungssysteme wurde 2020 der größte Teil für Leistungen der Renten- und Krankenversicherung erbracht. Ihr Anteil an den Sozialversicherungsleistungen beträgt zirka 47,6 % bzw. 36 %. Die Leistungsanteile für die Pflegeversicherung und die Arbeitslosenversicherung liegen bei 6,6 % bzw. 7,7 %. Die Unfallversicherung erbringt 2,1 % der Leistungen der Sozialversicherungssysteme.[62]

Die Sozialversicherungssysteme werden durch Beiträge von Arbeitnehmern und Arbeitgebern, sowie Beiträge und Zuschüsse aus Bundesmitteln finanziert. Bemessungsgrundlage für die Beiträge von Arbeitnehmern und Arbeitgebern sind die Einkommen der Beschäftigten. Die staatlichen Mittel werden zu einem großen Teil aus Steuern aufgebracht. Die Höhe der Einkommen Beschäftigter wirkt sich daher auf die Bereitstellung von Mitteln für die genannten beiden Finanzierungsquellen der Sozialversicherungssysteme aus. Sie hat für den einzelnen Arbeitnehmer aber auch teilweise Einfluss auf die individuell unterschiedliche Höhe von Leistungen aus den Sozialversicherungssystemen. Die Konsequenzen werden im Folgenden kurz skizziert.

Gesetzliche Rentenversicherung

Die Verteilung der Beitragslast in der GRV ist in §§ 168,172a SGB VI geregelt. Bei abhängig Beschäftigten wird sie gem. § 168 Abs. 1 Nr. 1 SGB VI von den Versicherten und den Arbeitgebern je zur Hälfte getragen. Beiträge werden bis zur Beitragsbemessungsgrenze unter Berücksichtigung des Beitragssatzes und der Bemessungsgrundlage gem. § 157 SGB VI erhoben. Für gegen Arbeitsentgelt Beschäftigte ist gem. § 162 Nr. 1 das Arbeitsentgelt aus versicherungspflichtiger Beschäftigung die Grundlage für die Beitragserhebung. Beitragssatz und Beitragsbemessungsgrenzen können gem. §§ 158, 159 SGB VI für jedes Jahr neu festgesetzt werden. Der aktuelle Beitragssatz beträgt 18,6 %. Er darf gem. § 287 SGB VI bis zum Jahr 2025 diesen Wert nicht unterschreiten und den Wert von 20 % nicht überschreiten. Die Beitragsbemessungsgrenzen für 2022 wurden durch die Sozialversicherungs-Rechengrößenverordnung 2022 vom 30. November 2021[63] festgesetzt. Gem. § 255e SGB VI darf bis zum 1. Juli 2025 das Sicherungsniveau der Rente netto vor Steuern gem. § 154 Abs. 3a SGB VI den Wert von 48% nicht unterschreiten. Um das zu ermöglichen, gibt der Bund der GRV seit 1998 einen zusätzlichen Bundeszuschuss zur Abgeltung nicht beitragsgedeckter Leistungen auf Grundlage von § 213 Abs. 3 SGB VI. Neben einem allg. Bundeszuschuss für versicherungsfremde Rentenversicherungsleistungen (bspw. Kriegsfolgelasten und Fremdrentenleistung) werden Bundesmittel u. a. auch für Beiträge für Kindererziehungszeiten bereitgestellt. 2020 wurden insg. 102.568

[62] Ebd., S. 322 (Tabelle II Leistungen nach Institutionen, Zeilen 11, 12, 13, 14 und 15 in Spalte 2020s); Anlage A3, Abb. 3 S. 98

[63] BGBl. I 2021, Nr. 81, S. 5044f.

Millionen € Bundesmittel[64] für die Gesetzliche Rentenversicherung aufgebracht. Die Einnahmen der Rentenversicherung betrugen insg. 334.413 Millionen €.[65] Damit ergibt sich ein Anteil des Bundes von 30,7 % an der Finanzierung der GRV. Aus Mitteln der GRV werden gem. §§ 35–42 SGB VI Renten wegen Alters gezahlt. Die Regelaltersgrenze wird schrittweise gem. § 235 SGB VI auf 67 Jahre angehoben. Renten können auch wegen verminderter Erwerbstätigkeit gem. §§ 43, 45 SGB VI und wegen Todes Versicherter an Hinterbliebene gem. §§ 46–49 SGB VI gezahlt werden. Der monatliche Betrag der Rente gem. § 64 SGB VI hängt maßgeblich von den angesammelten Entgeltpunkten des Versicherten ab, die vom Grundsatz her bei Beschäftigten proportional zum versicherungspflichtigen Arbeitseinkommen in den einzelnen Beitragsjahren sind.

Darüber hinaus werden von den Trägern der GRV auf Grundlage von §§ 9–12 SGB VI auch Leistungen zur Teilhabe erbracht. Dazu gehören bspw. Leistungen zur medizinischen Rehabilitation, zur Teilhabe am Arbeitsleben und zur Nachsorge. Auch wenn die gegenwärtigen Renten gem. dem 1957 eingeführten Umlageverfahren aus den laufenden Einnahmen der Rentenversicherung gezahlt werden, ist die Höhe der Renten Versicherter von den in der Vergangenheit eingebrachten Beiträgen abhängig. Die Einnahmen der Rentenversicherung für die Rentenzahlungen werden somit intrapersonell und nach dem Äquivalenzprinzip verteilt. In Folge des Umlageverfahrens erfolgt eine Dynamisierung der Renten. Sie werden an die Lohnentwicklung basierend auf § 68 SGB VI angepasst. Die Rente sollte bei ihrer Einführung unter Bismarck vorrangig zur Unterstützung bei Invalidität dienen, war aber auch ein Mittel zur Verhinderung von Altersarmut. Mit der 1957 erfolgten Umstellung des Rentensystems auf die Anpassung der Renten an die gesamtwirtschaftliche Entwicklung ergab sich als neuer Schwerpunkt die Sicherung des Lebensstandards im Alter.

Ob das zukünftig – wie bisher – erreicht werden kann, ist fraglich. Erwartet wird: „Die Ausgaben werden auch in Zukunft weiter ansteigen, zumal wenn das sozialpolitische Ziel der Vermeidung von Altersarmut erreicht werden soll."[66] Ein Grund dafür ist die voraussichtliche Entwicklung des Verhältnisses von Beitragszahlern zu Rentenbeziehern, die sich auf Grund der Entwicklung des Altenquotienten abzeichnet. 2010 waren bezogen auf 1000 Personen im Alter zwischen 15 und 64 Jahren 314 Personen älter als 65 Jahre, 2020 waren es 341 und für 2050 wird prognostiziert, dass es 495 Personen sind.[67] Bleibt man bei dem Prinzip der umlagefinanzierten Rente, so gibt

[64] Vgl. dazu DRV 2022, S. 243.

[65] Ebd., S. 238.

[66] Mackscheidt, K. & Maier-Rigaud, B., Die Grenzen der Beitragsorientierten Sozialversicherung 2020, S.16.

[67] Werding, M. & Läpple, B., Finanzrisiken für den Bund durch die demographische Entwicklung in der Sozialversicherung 2022, S. 90 (Tabelle A.1, Zeile Altenquotient).

es unterschiedliche Ansätze, die Bundeszuschüsse und Beitragssätze in Grenzen zu halten. Ein Schritt in diese Richtung ist die Heraufsetzung der Regelaltersgrenze auf die Vollendung des 67. Lebensjahre für die 1964 und später Geborenen.[68] Eine andere Möglichkeit ist die Herabsetzung der Haltegrenze für das durch Leistungen der GRV erreichbare Sicherungsniveau netto vor Steuern auf 46 % oder 44 %.[69]

Um im Alter ein höheres Sicherungsniveau zu erreichen, ist eine ergänzende Vorsorge der Versicherten erforderlich. Die nicht-obligatorische staatlich geförderte Riester-Rente, die im Zuge des AVmG eingeführt wurde, trägt aus heutiger Sicht verhältnismäßig wenig zur Erhöhung des Sicherungsniveaus bei.[70] Ergänzend zur gesetzlichen Rente sind die Möglichkeiten zur betrieblichen Altersvorsorge auf Grundlage des Betriebsrentengesetz[71] mit dem Betriebsrentenstärkungsgesetz[72] erweitert worden. Gem. § 1a Abs. 1 BetrAVG kann ein Arbeitnehmer verlangen, dass durch Entgeltumwandlung bis zu 4 % der jeweiligen Bemessungsgrenze für die betriebliche Altersvorsorge verwendet werden. Der Arbeitgeber muss gem. § 1a Abs. 1a BetrAVG einen Zuschuss in Höhe von 15 % des umgewandelten Entgelts dazugeben. Erreicht werden soll dadurch auch, die betriebliche Altersvorsorge für Geringverdiener attraktiver zu machen.

Zusätzlich gibt es weitere Möglichkeiten privater Altersvorsorge. Mit dem Rentenübersichtsgesetz[73] wird angestrebt, dass Bürgerinnen und Bürger zukünftig mittels einer Digitalen Rentenübersicht eine Zusammenstellung von Informationen gem. § 5 Abs. 1 zu ihren Altersvorsorgeprodukte erhalten. In welchem Umfang zusätzlich zu den Pflichtbeiträgen zur GRV noch weitere Mittel für die Altersvorsorge aufgebracht werden können, hängt letztlich von der möglichen Sparquote betroffener Versicherter ab. Nicht unwichtig ist an dieser Stelle das Beschäftigungsmodell. Arbeitnehmer in atypischen Beschäftigungen werden sicherlich nicht die hier genannten Möglichkeiten haben, um eine angemessene Altersrente zu erhalten. Simulationen lassen erwarten, dass das gesamte Sicherungsniveau bei einer Sparquote von 3 % oder 4 % bei einer ergänzenden kapitalgedeckten Altersvorsorge bis 2060 gegen 52 % bzw. 55 % tendiert.[74]

[68] § 35 Satz 2 i.V.m. § 235 Abs. 2 SGB VI.

[69] Werding, M. & Läpple, B., a. a. O., S. 60.

[70] Ebd., S. 54, Fn. 62 auf S. 55.

[71] Gesetz zur Verbesserung der betrieblichen Altersversorgung (BetrAVG) vom 19. Dezember 1974 – Zuletzt geändert durch Artikel 23 des Gesetzes vom 22. Dezember 2020 (BGBl. I S. 3256).

[72] Gesetz zur Stärkung der betrieblichen Altersversorgung und zur Änderung anderer Gesetze (Betriebsrentenstärkungsgesetz) vom 17. August 2017 (BGBl. I S. 314).

[73] Gesetz zur Entwicklung und Einführung einer Digitalen Rentenübersicht (Rentenübersichtsgesetz – RentÜG) vom 11. Februar 2021 (BGBl. I S. 154).

[74] Werding, M. & Läpple, B., a. a. O, S. 52.

Wie realistisch die Annahmen sind, die diesen Prognosen zugrunde liegen[75], das ist schwer zu beurteilen.

Gesetzliche Krankenversicherung

Die Leistungen der GKV werden im Wesentlichen aus Beiträgen sowie Aufwendungen aus Bundesmitteln finanziert. Der allg. Beitragssatz beträgt gem. § 241 SGB V 14,6 %. Ein kassenindividueller Zusatzbeitrag kann gem. § 241 SGB V von Krankenkassen erhoben werden, deren Finanzbedarf nicht durch den Gesundheitsfond gedeckt werden kann. Nach eigener Erfahrung, werden die meisten der 130 Krankenkassen in Deutschland den Zusatzbeitrag erheben. Die Beiträge versicherungspflichtig Beschäftigter werden aus Beitragssatz, Zusatzbeitragssatz und Einnahmen bis zur Beitragsbemessungsgrenze in der Krankenversicherung ermittelt. Versicherungspflichtig Beschäftigte und Arbeitgeber tragen die Beiträge, die aus dem Arbeitsentgelt ermittelt worden sind, gem. § 249 SGB V jeweils zur Hälfte. Die Mittel, die für kurative und andere Leistungen gem. § 2 SGB V aufgebracht werden, werden interpersonell verteilt. Arbeitnehmer erhalten nach Beendigung der Entgeltfortzahlung Krankengeld gem. § 44 SGB V. Die Höhe richtet sich gem. § 47 SGB V nach dem individuell erzielten regelmäßigen Arbeitsentgelt.

Soziale Pflegeversicherung

Der gesamte (Basis-)Beitragssatz beträgt gem. § 55 Abs. 1 Satz 1 SGB XI seit dem 1. Juli 2023 3,4 % der beitragspflichtigen Einnahmen. Die Beiträge aufgrund dieses Basis-Beitragssatzes werden von Arbeitnehmer und Arbeitgeber zur Hälfte getragen. Damit ergibt sich sowohl für Arbeitnehmer als auch für Arbeitgeber ein Basis-Beitragssatz von 1,7 %. Eine Ausnahme ist das Bundesland Sachsen. Da in Sachsen auf den Wegfall eines Feiertages bei Einführung der Pflegeversicherung verzichtet wurde, ist dort der Basis-Beitragssatz der Arbeitgeber immer 1 % niedriger als der der Arbeitnehmer. Er beträgt für Arbeitgeber seit dem 1. Juli 2023 somit 1,2 %, für Arbeitnehmer 2,2 %.

Der bei der Ermittlung der Beiträge zu berücksichtigende Basis-Beitragssatz ist für Arbeitgeber somit bundesweit gleich 1,7 % und in Sachsen 1,2 %. Der letztlich zu berücksichtigende Beitragssatz für Arbeitnehmer hängt von der Anzahl ihrer Kinder ab. Für kinderlose Arbeitnehmer ergibt er sich aus dem um 0,6 % erhöhten Basis-Beitragssatz, beträgt also bundesweit 1,7 % + 0,6 % = 2,3 %, in Sachsen 2,2 % + 0,6 % = 2,8 %. Für Arbeitnehmer mit zwei Kindern unter 25 Jahren ergibt sich der Beitragssatz nach einer Verringerung des Basis-Beitragssatzes für Arbeitnehmer um

[75] Ebd., S. 90 ff.

0,25 %, beträgt bundesweit somit 1,45 % und in Sachsen 1,95 %. Für Arbeitnehmer mit drei, vier, fünf und mehr Kindern beträgt die Reduzierung des Basis-Beitragssatzes 0,25 %, 0,75 % bzw. 1,0 %.

Auch der Bund bringt Mittel für die Pflegeversicherung auf.[76] Die Leistungen der Pflegeversicherung richten sich gem. § 4 Abs. 2 Satz 2 nach der Pflegebedürftigkeit Betroffener. Eine Umverteilung der Mittel erfolgt interpersonell.

Arbeitslosenversicherung

Der Beitragssatz zur ALV beträgt gem. § 341 Abs. 2 SGB III 2,6 %. Bemessungsgrundlage sind die beitragspflichtigen Einnahmen unter Berücksichtigung der Beitragsbemessungsgrenze der allg. Rentenversicherung. Die Beiträge werden gem. § 346 Abs. 1 SGB III je zur Hälfte von versicherungspflichtig Beschäftigten und Arbeitgebern getragen. Der Bund beteiligt sich an der Finanzierung der Arbeitslosenversicherung.[77] Aus Mitteln der ALV werden eine Reihe von Maßnahmen zur Arbeitsförderung unterstützt. Eine beitragsbezogene (intrapersonale) Unterstützung Versicherter erfolgt u. a. durch Zahlungen von Kurzarbeiter-, Arbeitslosen- und Insolvenzgeld.

Gesetzliche Unfallversicherung

Aufgaben der DGUV sind die Prävention vor sowie die Rehabilitation und die Entschädigung nach Arbeitsunfällen oder in Zusammenhang mit Berufskrankheiten. Beitragspflicht besteht nur für „Unternehmer, für deren Unternehmen Versicherte tätig sind oder zu denen Versicherte in einer besonderen, die Versicherung begründenden Beziehung stehen."[78] Von den versicherten Beschäftigten sind keine Beiträge zu entrichten. Die DGUV ist auch nicht auf eine finanzielle Unterstützung durch den Bund angewiesen.[79]

1.3 Resümee und offene Probleme

Die Sozialversicherungssysteme haben sich im Laufe von mehr als hundert Jahren entwickelt und sind in dieser Zeit immer wieder an soziale Erfordernisse, politische Ziele und Veränderungen der wirtschaftlichen Rahmenbedingungen, sprich Wirtschaftsordnung, angepasst worden. Die Veränderungen betreffen sowohl den Leistungsumfang

[76] Vgl. dazu BMAS, 2021, S. 328 (Tabelle III-1 Leistungen und Finanzierung nach Arten und Institutionen, Zeile 13).

[77] Vgl. dazu ebd., S. 328 (Tabelle III-1, Zeile 15).

[78] § 150 Abs. 1 Satz 1 SGB VII.

[79] Vgl. dazu Mackscheidt, K. & Maier-Rigaud, B., a. a. O., S. 7.

als auch die Quellen und den Umfang der Finanzierung. Besondere Herausforderungen ergeben sich für die Zukunft insbesondere durch den demografischen Wandel und die Veränderung der Arbeitswelt (Beschäftigungsmodelle). Diese haben Konsequenzen für Art und Umfang der zu erbringenden Leistungen, insbesondere im Rahmen von Renten-, Pflege- und Krankenversicherung und damit auch höhere Kosten zur Folge bei einem sich ungünstig entwickelnden Verhältnis von Leistungsempfängern und Beitragserbringern. Wie die sich daraus ergebenden Konflikte zukünftig i. E. gelöst werden können, ist schwer vorherzusagen. Ausgaben, d. h. letztlich Leistungen, können gekürzt werden, oder Einnahmen können erhöht werden, z. B. durch Erhöhung der Versicherungsbeiträge oder höhere Bundeszuschüsse.

Letztere sind nur bei einer leistungsstarken Wirtschaft möglich. Der einzelne Versicherte erhält aus den Sozialversicherungssystemen einen Teil der Leistungen durch interpersonelle Umverteilungen.

Ein anderer Teil wird aus seinen Beitragszahlungen abgeleitet. Das ist insbesondere bei der Renten-, Arbeitslosen- und Krankenversicherung der Fall. Die Leistungen steigen mit dem versicherungspflichtigen Arbeitsentgelt. Sind die zu erwartenden Leistungen nicht ausreichend, ist eine private Vorsorge erforderlich. Voraussetzung dafür ist aber, dass eine ausreichend hohe Sparquote realisiert werden kann.

Kapitel 2

VOM SONDERFALL ZUR NORMALITÄT
Das Prinzip der Arbeitnehmerüberlassung

2.1 Ausgewählte Aspekte der Geschichte der Arbeitnehmerüberlassung

Arbeitsvermittlung wurde in der zweiten Hälfte des 19. Jahrhunderts zunächst überwiegend als Gewerbe von selbständigen Arbeitsvermittlern betrieben. Aber „die Notlage und Hilflosigkeit sowie die geschäftliche Unerfahrenheit der Arbeitsuchenden führten leicht dazu, daß gewerbliche Arbeitsvermittler sie insbesondere durch übermäßig hohe Vermittlungsentgelte ausbeuteten; der Stellenwechsel als solcher entsprach ihrem Interesse; daher lag es nahe, daß gewerbliche Arbeitsvermittler Arbeitnehmer zum Verlassen ihres Arbeitsplatzes und zum Vertragsbruch verleiteten."[80]

Diese und andere Missstände führten dazu, die gewerbliche Stellenvermittlung zu verbieten und die Arbeitsvermittlung als eine hoheitliche Aufgabe wahrnehmen zu lassen. Diese Regelung wurde durch das Gesetz über Arbeitsvermittlung und Arbeitslosenversicherung vom 16. Juli 1927[81] bestätigt. In der Neufassung des Gesetzes[82] bekräftigte § 35 AVAVG i. d. F. v. 03.04.1957, dass Arbeitsvermittlung nur von der Bundes-

[80] BVerfG, 1 BvR 126/65, Rn. 38.
[81] RGBl. I 1927, Nr. 32, S. 187-218.
[82] BGBl. I 1957, Nr. 13, S. 321-364.

anstalt für Arbeitsvermittlung und Arbeitslosenversicherung[83] betrieben werden durfte. Das BVerfG stellte am 4. April 1967 in einem Urteil zur Verfassungsbeschwerde eines Vermittlers von „Führungskräften der Wirtschaft" fest, dass das Arbeitsvermittlungsmonopol mit Art. 12 Abs. 1 GG vereinbar ist, obwohl dadurch die freie Wahl des Berufes eines selbständigen Arbeitsvermittlers ausgeschlossen ist.[84] Das Vermittlungsmonopol der Bundesanstalt blieb unangetastet. Allerdings konnte die Bundesanstalt Einrichtungen und Personen mit der Arbeitsvermittlung gem. §§ 53, 54 AVAVG beauftragen.

Richtungweisend für die Entwicklung der Arbeitnehmerüberlassung war ein anderes Urteil desselben Senats am selben Tag, durch das festgestellt wurde: „§ 37 Absatz 3 des Gesetzes über Arbeitsvermittlung und Arbeitslosenversicherung (AVAVG) in der Fassung der Bekanntmachung vom 3. April 1957 (Bundesgesetzbl. I Seite 321) ist nichtig."[85]

Da aber der zitierte Absatz dem Sinne nach die Arbeitnehmerüberlassung als Arbeitsvermittlung definiert hatte, fiel sie fortan nicht mehr unter das Vermittlungsmonopol der Bundesanstalt und der Weg für privatwirtschaftlich agierende Leiharbeitsfirmen war geebnet. Der DIHT hatte im Verfahren diese Entscheidung unterstützt und das u. a. damit begründet, dass Arbeitnehmer-Überlassungsverträge, „wenn überhaupt, regelmäßig nur für die Zuweisung von Aushilfskräften, nicht aber von Dauerkräften in Betracht"[86] kommen. Und weiter heißt es in den im Urteil genannten Gründen, auch hätte es „keinerlei Anhaltspunkte dafür ergeben, daß Arbeitnehmer-Überlassungsverträge zu einer Ausbeutung der einem anderen Betrieb überlassenen Arbeitnehmer geführt hätten oder führen könnten." Dieser Position hatte sich auch der Bundesverband der Arbeitgeberverbände angeschlossen. Bundesregierung und Bundesanstalt hatten dagegen befürchtet: „Die Arbeitnehmerverleihbetriebe führten für die Arbeitnehmer zu den gleichen Missständen wie das Gewerbe des Arbeitsvermittlers. Außerdem würden die überlassenen Arbeitnehmer weitgehend des arbeitsrechtlichen und sozialversicherungsrechtlichen [sic] Schutzes beraubt."[87] Auch der DGB hatte eine Beibehaltung der Vorschriften des § 37 Abs. 3 AVAVG unterstützt.

In der Folge des BVerfG-Urteils entstand das Gesetz zur Regelung der gewerbsmäßigen Arbeitnehmerüberlassung (Arbeitnehmerüberlassungsgesetz – AÜG) vom

---

[83] Vorläufer der 1952 gegründeten Bundesanstalt war die 1927 ins Leben gerufene Reichsanstalt für Arbeitsvermittlung und Arbeitslosenversicherung. Mit Wirkung vom 1. Januar 2002 erfolgte die Umbenennung der Bundesanstalt für Arbeit in Bundesagentur für Arbeit, deren Aufgaben in § 368 SGB III definiert sind.

[84] BVerfG, 1 BvR 126/65, Rn. 1.

[85] BVerfG, 1 BvR 84/65, Rn. 3.

[86] Ebd., Rn. 15.

[87] Ebd., Rn. 12.

7. August 1972.[88] Es wurde gem. § 1 Abs.1 AÜG gefordert, dass Verleiher für die gewerbsmäßige Überlassung von Arbeitnehmern (LeihAN) eine Erlaubnis benötigen auch. Auch erfolgte eine Abgrenzung der Arbeitnehmerüberlassung zur Arbeitsvermittlung. Bei der Arbeitnehmerüberlassung ist der Verleiher AG für den LeihAN. Während Überlassung an einen Entleiher ist der LeihAN in dessen Arbeitsorganisation eingegliedert und unterliegt dessen Weisungen. Übernimmt der Verleiher nicht die üblichen Arbeitgeberpflichten und das Arbeitgeberrisiko oder dauerte die Überlassung eines LeihAN an einen Entleiher länger als drei Monate, so wurde gem. § 1 Abs. 2 AÜG i. d. F. v. 07.08.1972 vermutet, dass Verleiher Arbeitsvermittlung betreibt.

In der Folgezeit wurden die gesetzlichen Regelungen für die Arbeitnehmerüberlassung wiederholt geändert und waren Gegenstand von Verfassungsbeschwerden. Ein Wechsel von Deregulierung und Regulierung hat die Gesetzgebung gekennzeichnet. So ist seit 1982 die Arbeitnehmerüberlassung in der Bauwirtschaft für Arbeiten, die üblicherweise von Arbeitern verrichtet werden, nicht zulässig.

Ins Arbeitsförderungsgesetz wurde mit Art. 1 § 1 Nr. 2 AFKG eingefügt:

„§ 12a Gewerbsmäßige Arbeitnehmerüberlassung in Betriebe der Bauwirtschaft ist unzulässig." In der Begründung des Entwurfs des Gesetzes zur Konsolidierung der Arbeitsförderung[89] heißt es, dass eine „Erleichterung der Bekämpfung illegaler Beschäftigung mit dem Verbot der Leiharbeit in der Bauwirtschaft“[90] erreicht werden solle.

Begründet wird das u. a. wie folgt:

„Unternehmen, die Leiharbeitnehmer verleihen, haben einen erheblichen Wettbewerbsvorsprung gegenüber Bauunternehmen, die nur Stammarbeitnehmer beschäftigen, weil Verleiher für ihre im Baugewerbe tätigen Arbeitnehmer insbesondere auch keine Beiträge zu den Sozialkassen des Baugewerbes entrichten (derzeitiger Beitragssatz: 22,5 v. H. der Bruttolohnsumme des Betriebs).“[91]

Der 1. Senat des BVerfG hat 1987 entschieden, dass § 12a AFG mit dem Grundgesetz vereinbar ist.[92] Durch das Arbeitsförderungs-Reformgesetz[93] wurde mit Art. 63 Nr. 5 AFRG die Unzulässigkeit der Arbeitnehmerüberlassung im Bauhauptgewerbe mit Wirkung vom 1. Januar 198 in § 1b AÜG überführt. Bedingungen, unter denen Arbeitnehmerüberlassung in der Baubranche gestattet ist, regeln § 1b Satz 2, 3 AÜG. In der verfassungsrechtlichen Diskussion ist trotz der Entscheidung des BVerfG vom 6. Oktober 1987 immer wieder in Frage gestellt worden, ob das

[88] BGBl. I 1972, Nr. 83, S. 1393-1400.

[89] BGBl. I 1981, Nr. 58, S. 1497.

[90] BT-Drs. 9/846, S. 31.

[91] Ebd., S. 35.

[92] BVerfG, 1 BvR 1086/82;1 BvR 1468/82;1 BvR 1623/82.

[93] BGBl. I 1967, Nr. 20, S. 594–721.

Verbot der Arbeitnehmerüberlassung in diesem Sektor unter veränderten rechtlichen Rahmenbedingungen noch aufrechterhalten werden kann. Zur Begründung werden dabei u. a. §§ 8, 13 b AÜG angeführt, die Ausnahmen von tariflichen Sozialleistungen auf Grund des Gleichstellungsgebots bzw. des Zugangsrechts begrenzen.[94]

Einem steten Wechsel waren die Regelungen zur Höchstüberlassungsdauer von Arbeitnehmern unterworfen. So wurde 1972 die Höchstüberlassungsdauer auf drei Monate festgesetzt. 1985 wurde die Höchstüberlassungsdauer von drei auf sechs Monate verlängert. 1994 erfolgte eine Verlängerung auf neun Monate und 1997 auf zwölf Monate. 2002 traten Regelungen in Kraft, die erneut eine Verlängerung ermöglichten, diesmal auf 24 Monate. Mit dem Ersten Gesetz für moderne Dienstleistungen am Arbeitsmarkt[95] wurde die Höchstüberlassungsdauer mit Wirkung zum Januar 2003 vollständig aufgehoben.[96] Gleichzeitig fielen das Synchronisations- und Wiedereinstellungsverbot weg.

2011 wurde die sogenannte „Drehtürklausel" ins AÜG eingefügt, mit der verhindert werden sollte, dass ein AN nach einer Entlassung von einem Entleiher, der zum selben Konzern wie der entlassende AG gehört, zeitnah als LeihAN zu schlechteren Konditionen eingestellt wird.[97] Mit der Reform des AÜG 2017 erfolgte wieder eine Begrenzung der Höchstüberlassungsdauer auf 18 Monate. Ausnahmen sind durch tarifvertragliche Regelungen möglich. Es wird berichtet, dass es 2019 109 registrierte Tarifverträge gab, die eine längere Arbeitnehmerüberlassung ermöglichten.[98]

Leiharbeit findet häufig, wenn auch nicht ausschließlich, bei Tätigkeiten mit einem geringen Anforderungsniveau statt. Damit verbunden ist auch, dass die Bruttoarbeitsentgelte in der Leiharbeit in der Regel deutlich unter den durchschnittlichen Entgelten aller Branchen liegen. Etwa die Hälfte der Leiharbeiter übt eine Helfertätigkeit aus. Demgegenüber trifft das nur auf ungefähr 20 % aller Beschäftigten zu. Leiharbeitnehmer sind überwiegend, zu etwas über 70 %, männlich. Die Hälfte der Leiharbeitnehmer ist jünger als 35 Jahre. Etwa 30 % haben keinen Berufsabschluss. Der Ausländeranteil liegt bei etwa einem Drittel. Die Arbeitnehmerüberlassung ist durch hohe Fluktuation gekennzeichnet. Das Risiko, beschäftigungslos zu werden, ist für Leiharbeiter durchschnittlich sechsmal höher als für andere Beschäftigungsformen. Daraus resultiert auch ein überproportional hoher Aufwand für die Arbeitsvermittlung im Vergleich zu anderen Beschäftigungsverhältnissen.[99] Die Statistik der Bundesagen-

[94] BT WD 6 – 3000 – 138/9, S. 8.

[95] BGBl. I 2002, Nr. 87, S. 4607–4620; Da das Gesetz das erste Gesetz der sogenannten Hartz-Reformen war, wird tw. auch der Name „Hartz-I" dafür verwendet.

[96] Vgl. dazu Wolters, T., Leiharbeit 2008, S. 16.

[97] Vgl. ErfK / *Roloff* AÜG § 8 Rn. 15.

[98] Vgl. dazu Oschmiansky, F., Leiharbeit/Arbeitnehmerüberlassung/Zeitarbeit 2020.

[99] Ebd.; Die Angaben beziehen sich auf Grund des Datums der Publikation auf das Jahr 2019 oder eventuell früher.

tur für Arbeit weist geringere Medianwerte der Bruttoarbeitsentgelte von LeihAN im Vergleich zu allen Beschäftigten aus. Bei Helfern und Fachkräften liegen die Werte von LeihAN etwa 25 % unter denen für alle Beschäftigten ausgewiesenen, bei Spezialisten und Experten sind es etwa 12 %. Mit 1.799 € ist der Median der Bruttoarbeitsentgelte bei Helfern am geringsten. Im Durchschnitt aller LeihAN beträgt dieser Wert 2.083 €.[100]

2.2 Gesetzliche Regelungen zur Arbeitnehmerüberlassung

2.2.1 Ausgewählte Regelungen in deutschen Gesetzen

Eine größere Novellierung des AÜG wurde mit dem am 1. April 2017 in Kraft getretenen Gesetz zur Änderung des Arbeitnehmerüberlassungsgesetzes und anderer Gesetze[101] vorgenommen. Erreicht werden sollten damit u. a. verbesserte faire Regelungen für Einsatz und Bezahlung von LeihAN. Ziel war auch, dem Missbrauch in Zusammenhang mit der Arbeitnehmerüberlassung entgegenzuwirken.[102] Eine Reihe von Änderungen gegenüber der letzten größeren Reform des AÜG im Jahr 2002[103] war die Folge[104].

Arbeitgeber des Leiharbeitnehmers ist der Verleiher. Dieser überlasst dem Entleiher den LeihAN zur Arbeitsleistung bei diesem. Der Leiharbeitnehmer ist dabei in die Arbeitsorganisation des Entleihers eingegliedert und unterliegt dessen Weisungen gem. § 1 Abs. 1 AÜG. Damit ist die Arbeitnehmerüberlassung vom Werkvertrag abgegrenzt. Um Missbrauch vorzubeugen, ist der Vertrag zur Arbeitnehmerüberlassung zwischen Entleiher und Verleiher, der auch als Arbeitnehmerüberlassung benannt werden muss, gem. §§ 1 Abs. 1 Satz, 12 Abs. 1 AÜG schriftlich unter Nennung des Namens des Leiharbeitnehmers vor Beginn der Überlassung auszufertigen. Bei Verstößen drohen Geldbußen. Einzelheiten sind in § 16 AÜG geregelt. Bei Überlassung von Ausländern, für die nicht die in § 15 AÜG fixierten Voraussetzungen wie bspw. erforderliche Aufenthaltstitel vorliegen, drohen dem Verleiher Geld- oder Freiheitsstrafen. Sozialversicherungsabgaben hat der Arbeitgeber des LeihAN zu entrichten. Kommt der Verleiher dieser Verpflichtung nicht nach, haftet auch der Entleiher für die Zahlungspflichten (Subsidiärhaftung). Die Überlassungshöchstdauer wurde mit der Novelle des AÜG wieder begrenzt und damit dem Grundsatz Rechnung getragen, dass eine Arbeitnehmerüberlassung vom Grundsatz her gem. § 1 Abs. 1 Satz 4 AÜG nur „vorübergehend" sein soll. Eine Überlassung darf gem. § 1 Abs. 1b Satz 1

[100] Vgl. dazu BA, 2022, S. 24.
[101] BGBl. I 2017, Nr. 8, S. 258–261.
[102] Vgl. BT-Drs. 19/11667, S. 2.
[103] S. a. Anmerkungen in Abschnitt 2.1 zu Hartz-I.
[104] Vgl. auch BT-Drs. 18/9232, S. 19–31.

AÜG nicht länger als 18 aufeinanderfolgende Monate an denselben Entleiher erfolgen. Mit der Beschränkung der Überlassungsdauer sollte u. a. verhindert werden, dass Stammarbeitnehmer durch einen dauerhaften Einsatz von LeihAN ersetzt werden.[105]

Der Vertrag zwischen LeihAN und Verleiher kann gem. § 9 Abs. 1 Nr. 1b AÜG bei Überschreiten der Höchstüberlassungsdauer unwirksam werden und in der Folge gem. § 10 Abs. 1 ein Arbeitsverhältnis zwischen Entleiher und LeihAN entstehen. In der Praxis gibt es allerdings einige Möglichkeiten, dass es zu Überlassungszeiten größer als 18 Monate bei einem Entleiher kommen kann. Wird die Tätigkeit eines LeihAN bei einem Entleiher nach 18 Monaten drei Monate unterbrochen, beginnt die 18-Monate-Frist bei demselben Entleiher in Folge § 1 Abs. 1b Satz 2 AÜG von neuem. Das ist eine Regelung, die schon im Rahmen des Gesetzgebungsverfahrens von der Arbeitnehmerseite wegen der Konsequenzen für LeihAN kritisiert wurde.[106] Auch kann von dieser Frist durch Tarifvertrag in der Einsatzbranche gem. § 1 Abs. 1b Satz 3 AÜG abgewichen werden. Die Regelungen können auch von nichttarifgebundenen Entleihern in der Einsatzbranche durch Betriebs- oder Dienstvereinbarungen übernommen werden.

Vom Grundsatz her gilt gem. § 8 Abs. 1 Satz 1 AÜG, dass der LeihAN während seines Einsatzes beim Entleiher vom Verleiher ein Arbeitsentgelt erhält, das dem eines vergleichbaren Arbeitnehmers beim Entleiher entspricht. Im Text des Gesetzes wird in diesem Zusammenhang mit dem Hinweis auf den „Gleichstellungsgrundsatz" explizit auf den Grundsatz der Gleichbehandlung gem. Art. 5 der Leiharbeits-Richtlinie[107] Bezug genommen.[108]

Es wird in § 8 Abs. 1 AÜG vorgegeben, dass von Gleichstellung ausgegangen werden kann, wenn das Arbeitsentgelt des LeihAN dem tarifvertragliche geschuldeten Arbeitsentgelt beim Entleiher entspricht oder, wenn keine Tarifbindung des Entleihers vorliegt, sich dieses an tarifvertraglichen Arbeitsentgelten der Einsatzbranche orientiert. Gleichstellung betrifft aber nicht nur das Entgelt, sondern alle wesentlichen Arbeitsbedingungen. Anstelle von „Equal Pay" ist daher „Equal Treatment" begrifflich passender.[109]

---

[105] ErfK / *Roloff* AÜG § 1 Rn. 45; § 8 Rn. 1.

[106] Siehe u. a. Stellungnahmen des Wissenschaftlichen und Sozialwissenschaftlichen Instituts der Hans-Böckler-Stiftung und der IG Metall (vgl. BT A-Drs. 18(11)761neu, S. 63f., 77).

[107] Richtlinie 2008/104/EG des Europäischen Parlaments und des Rates vom 19. November 2008 über Leiharbeit.

[108] Vgl. ErfK / *Roloff* AÜG § 8 Rn. 1.

[109] Ebd.; „The principal of equal treatment" ist auch die Überschrift des Art. 5 in der englischen Fassung der Leiharbeits-Richtlinie.

Abweichungen sind durch tarifvertragliche Regelungen, an die der Verleiher gebunden ist, möglich „Ein Tarifvertrag kann vom Gleichstellungsgrundsatz abweichen, soweit er [...] festgesetzte Mindestentgelte nicht unterschreitet."[110]

Ausgeschlossen davon sind gem. § 8 Abs. 3 AÜG Arbeitnehmer, die innerhalb der letzten sechs Monate vor ihrem Einsatz beim Entleiher in einem Betrieb ausgeschieden sind, der zum selben Konzern wie der Entleiher gehört. Ein Missbrauch tarifvertraglicher Regelungen soll mit dieser „Drehtürklausel" verhindert werden.[111] § 8 Abs. 4 AÜG macht Vorgaben zur „Heranführung" der Arbeitsentgelte von LeihAN an die Arbeitsentgelte für die Stammbelegschaft bei Vorliegen eines Tarifvertrags. Um nicht in die Vertragsfreiheit mit derartigen Vorgaben direkt einzugreifen, werden Vereinbarungen auf der Grundlage von Tarifverträgen, die diesen Forderungen nicht genügen, für unwirksam erklärt.

Die Folgen leiten sich aus § 9 AÜG ab. Umgehen lassen sich Angleichungen aber offenbar u. a. bei Vorliegen eines Tarifvertrags durch Unterbrechung des Einsatzes bei einem Entleiher nach neun Monaten und Wiederaufnahme der Tätigkeit beim selben Entleiher nach drei Monaten.[112]

2.2.2 Ausgewählte Entscheidungen von deutschen Gerichten

Im ersten Streitfall, auf den kurz eingegangen werden soll, hatte ein vom 1.8.2011 bis 31.3.2017 beschäftigter LeihAN zunächst auf die Zahlung von Branchenzuschlägen für die Zeit von Januar bis Juni 2015 in Höhe von 9.994,80 € nebst Zinsen unter Bezugnahme auf den Tarifvertrag über Branchenzuschläge für Arbeitnehmerüberlassungen in der Metall- und Elektroindustrie vom 22. Mai 2012 (TV BZ ME) geklagt. Arbeitsvertraglich war im April 2014 eine dynamische Bezugnahme auf die Tarifverträge über Branchenzuschläge vereinbart worden. In der Vorinstanz war die Klage abgewiesen und festgestellt worden, dass die fachlichen und persönlichen Voraussetzungen für die Anwendung des Tarifvertrages nicht vorliegen würden, da durch den Betrieb des Entleihers ohne Produktionsstätte in Deutschland nur Elektroartikel aus vorgefertigten Teilen aufgebaut werden und Schwerpunkte der Tätigkeit des LeihAN auf dem Gebiet technischer Kundenbetreuung und der Durchführung von Wartungsarbeiten gelegen hätten.[113] Dieses Urteil wurde vom BAG bestätigt.[114]

Die Frage, ob wegen der Nichtanwendbarkeit des Tarifvertrages die Fiktion eines Arbeitsvertrages mit dem Entleiher entstanden war, musste nicht geprüft werden, da der strittige Sachverhalt vor Inkrafttreten des 2017 novellierten AÜG lag. Interessant

[110] § 8 Abs. 2 Satz 1 AÜG; s.a. ErfK / *Roloff* AÜG § 8 Rn. 2 zu § 8 Abs. 2–4 AÜG.
[111] Vgl. ErfK / *Roloff* AÜG § 8 Rn. 15.
[112] Vgl. § 8 Abs. 4 Satz 1 i.V.m. § 1 Abs. 1b Satz 2 AÜG.
[113] BAG, 5 AZR 430/18, Rn. 2-7.
[114] Ebd., Rn. 9, 13, 18.

ist der Fall aber unter einem anderen Aspekt. Geklagt wurde auf Zahlung der „Differenz zum laufenden regelmäßig gezahlten Stundenentgelt eines vergleichbaren Arbeitnehmers des Kundenbetriebes“.[115]

Daraus leitete der klagende LeihAN faktisch eine Minderzahlung von 1.665,80 € brutto gegenüber einem festangestellten Arbeitnehmer ab. Ob diese Größe im Detail gerechtfertigt ist, kann nicht geprüft werden. Allerdings vermittelt der Wert einen Eindruck bzgl. der Größenordnung von Einbußen qualifizierter LeihAN. Das LAG Baden-Württemberg stellte in einem Revisionsverfahren fest, dass Tarifvertragsparteien der Einsatzbranche durch Betriebsnormen eines Tarifvertrages die Überlassungshöchstdauer regeln können. In der Folge sind Arbeitgeber und Belegschaft eines Entleihers ggf. daran gebunden. Einer derartigen Norm unterliegen somit auch LeihAN, die nicht Mitglied der den Tarifvertrag schließenden Gewerkschaft sind, und die in einem Betrieb tätig sind, der an den Tarifvertrag gebunden ist. Im verhandelten Fall war durch den von Südwestmetall und der IG Metall abgeschlossenen Tarifvertrag Leih-/Zeitarbeit (TV LeiZ) eine Überlassungshöchstdauer von 48 Monaten vereinbart worden. Die Klage eines LeihAN, der nicht Gewerkschaftsmitglied war, auf Fiktion eines Arbeitsverhältnisses nach einem Einsatz, der länger als die gesetzliche Höchstüberlassungsdauer von 18 Monaten dauerte[116], wurde daher abgewiesen.[117] Dieses Urteil wurde vom BAG bestätigt.[118]

Bestätigt wurde vom BVerfG, dass § 11 Abs. 5 AÜG, der den Einsatz von LeihAN als Streikbrecher ausschließt, verfassungsgemäß ist. Die Annahme einer Verfassungsbeschwerde gegen diese gesetzliche Regelung wurde abgelehnt.[119] Eine unzumutbare Einschränkung der Koalitionsfreiheit sah das Gericht nicht als gegeben.[120] Vielmehr verwies es in der Begründung darauf, dass der Gesetzgeber bei „der Ausgestaltung der Tarifautonomie [...] einen weiten Handlungsspielraum“[121] hat.

In Hinblick auf den Spielraum des Gesetzgebers bei der Gestaltung der Arbeitsbedingungen von LeihAN erscheint der Verfasserin über das Verfahren hinaus das folgende Argument bemerkenswert: „Die angegriffene Regelung verletzt damit auch nicht die staatliche Neutralitätspflicht, denn es ist dem Gesetzgeber nicht verwehrt, die Rahmenbedingungen im Tarifvertragsrecht zu ändern, um eine gestörte Parität wiederherzustellen.“[122]

---

[115] § 2 Abs. 4 TV BZ ME zitiert nach ebd., Rn. 3.
[116] LAG Baden-Württemberg, 21 Sa 12/20, Rn. 45, 46.
[117] Zur Begründung siehe insb. ebd. Rn. 50ff.
[118] BAG, 4 AZR 83/21.
[119] BVerfG, 1 BvR 842/17, Rn. 1, 10.
[120] Ebd., Rn. 30.
[121] Ebd., Rn. 19.
[122] Ebd., Rn. 33.

Es eröffnet sich damit augenscheinlich auch an anderer Stelle ein Gestaltungsspielraum für den Gesetzgeber, Missbrauch in Beschäftigungsverhältnissen von LeihAN entgegenzuwirken. Der BGH hat in einem anderen Verfahren Klarheit hins. der Auslegung von 9 Abs. 1 Nr. 3 Halbsatz 2 AÜG geschaffen.[123]

Im Arbeitnehmerüberlassungsvertrag zwischen Verleiher und Entleiher war vereinbart worden, dass der Entleiher dem Verleiher ein Vermittlungshonorar schuldet, wenn der an ihn entliehene Arbeitnehmer nach Beendigung des Arbeitsverhältnisses mit dem Verleiher beim Entleiher ein Arbeitsverhältnis begründet.[124]

In der Urteilsbegründung wird festgestellt, dass das vereinbarte Honorar auch fällig wird, wenn der Verleiher das Arbeitsverhältnis mit dem LeihAN kündigt und dieser erst danach beim vormaligen Entleiher angestellt wird, also dem Verleiher durch die Übernahme beim Entleiher „kein auszugleichender wirtschaftlicher Nachteil“ entsteht.[125]

2.2.3 EU-Gesetzgebung

Nationales Recht der EU-Mitgliedsstaaten darf nicht im Gegensatz zum Recht der Europäischen Union stehen oder sich über dieses hinwegsetzen. Nationale Gerichte haben „die Vorschriften des nationalen Rechts so weit wie möglich derart auszulegen, dass sie in einer zur Verwirklichung des Gemeinschaftsrechts beitragenden Art und Weise angewandt werden können.“[126]

Maßstab für die EU-Gesetzgebung ist die Charta der Grundrechte der Europäischen Union[127]. In Zusammenhang mit der Arbeitnehmerüberlassung sind insbesondere die EU-Richtlinie 2008/104/EG des Europäischen Parlaments und des Rates vom 19. November 2008 über Leiharbeit[128] und auch die Richtlinie 2003/88/EG des Europäischen Parlaments und des Rates vom 4. November 2003 über bestimmte Aspekte der Arbeitszeitgestaltung[129]. Gem. Art. 288 Abs. 3 AEUV ist sie „für jeden Mitgliedstaat (...) hins. des zu erreichenden Zieles verbindlich“. Die verbindlichen Ziele der Richtlinie 2008/104/EG sind in Art. 2 vorgegeben. Kerngedanke der Richtlinie ist der in Art. 5 formulierte Grundsatz der Gleichbehandlung bei der Arbeitnehmerüberlassung. Das bedeutet gem. Art. 5 Abs. 1, dass die „wesentlichen

---

[123] BGH, III ZR 156/19, Rn. 7.

[124] Ebd., Rn. 2.

[125] So wird in Rn. 7 des BGH-Urteils argumentiert. Letztlich heißt das, dass auch nach einem selbstbestimmten Arbeitgeberwechsel durch den Leiharbeitnehmer sein „Tauschwert“ für den Verleiher erhalten bleiben kann. Interessant wäre, wie dieser Umstand mit Blick auf Art. 1 Abs. 1 Satz 1 und Art. 2 Abs. 1 GG zu werten ist.

[126] EuGH, Rs. C-119/05, Rn. 60.

[127] Amtsbl. EU 2000 C 264/1.

[128] Amtsbl. EU 2008 L 327/9.

[129] Amtsbl. EU 2003 L 299/9.

Arbeits- und Beschäftigungsbedingungen“ von LeihAN den von im Unternehmen eingestellten Beschäftigten für den gleichen Arbeitsplatz entsprechen müssen. Die Bedingungen können „durch Gesetz, Verordnung, Verwaltungsvorschrift, Tarifvertrag und/oder sonstige verbindliche Bestimmungen allgemeiner Art“[130] festgelegt werden. Durch Tarifvertrag kann von den Regelungen in Art. 5 Abs. 1 „unter Achtung des Gesamtschutzes von Leiharbeitnehmern [...] in Bezug auf die Arbeits- und Beschäftigungsbedingungen von Leiharbeitnehmern abgewichen werden“.[131]

Damit ermöglicht die Richtlinie 2008/104/EG auch Abweichungen beim Arbeitsentgelt[132], „sofern das Gesamtschutzniveau für Leiharbeitnehmer gewahrt bleibt.“[133] Ermöglicht wird aber auch, dass gem. Art. 5 Abs. 4 Satz 2 Gleichbehandlung erst nach einer „Wartezeit“ gewährt wird. Damit deutet sich ein Konflikt im nationalen Recht an. Einerseits hat der Gesetzgeber die Umsetzung der Richtlinie 2008/104/EG zu sichern, andererseits ist ein direkter Eingriff in die Tarifvertragsgestaltung nicht möglich. Konflikte sind da kaum zu vermeiden. Begriffsbestimmungen gem. Art. 3 LeihArbRL wie „Gesamtschutzniveau“ bleiben auslegungsbedürftig. In strittigen Fällen führt das zu Vorabentscheidungsersuchen oberster Gerichte beim EuGH. Das Vorgehen ist aus rechtlicher Sicht sicher nicht zu beanstanden. Mit Blick auf den hohen Anteil gering qualifizierter LeihAN bedeutet dieses aufwendige Procedere mit langer Verfahrensdauer wohl in der Regel eine theoretische aber keine praktische Rechtssicherheit. Der Weg zu „Equal Pay“ (gleiches Gehalt) in der Leiharbeit ist daher mit vielen Stolpersteinen gepflastert.

2.2.4 Ausgewählte EuGH-Entscheidungen

Deutsche Gerichte haben es immer wieder als erforderlich angesehen, zu Entscheidungen in Zusammenhang mit der Arbeitnehmerüberlassung dem Europäischen Gerichtshof Fragen zur Auslegung europarechtlicher Anforderungen vorzulegen.

Diese betreffen u. a. Fragen

- zur „vorübergehenden“ Überlassung, zur „Besetzung eines dauerhaften Arbeitsplatzes“, zu „aufeinanderfolgenden Überlassungen“ und zu „Abweichungen von der vom nationalen Gesetzgeber festgelegten Höchstdauer durch die Sozialpartner“,[134]
- zum „Grundsatz der Gleichbehandlung“, zur „Notwendigkeit, bei einer Abweichung von diesem Grundsatz den Gesamtschutz von Leiharbeitnehmern zu

[130] Art. 3 Nr. f LeihArbRL.
[131] Art. 5 Abs. 3 LeihArbRL.
[132] Das folgt mittelbar aus Art. 3 Nr. f Unterpunkt ii LeihArbRL.
[133] Erwägungsgrund Nr. 16 LeihArbRL.
[134] Vgl. EuGH, Rs. C-232/20; Anlage A4 S. 100.

achten", zu einem „Tarifvertrag, der ein gegenüber dem Arbeitsentgelt des vom entleihenden Unternehmen unmittelbar eingestellten Personals geringeres Arbeitsentgelt vorsieht", zum „wirksamen gerichtlichen Rechtsschutz" und damit verbunden „gerichtlicher Überprüfung",[135]

- zur Anwendbarkeit der Regeln zur Leiharbeit bei einer dauerhaften Personalgestellung an einen Dritten,[136]
- zur „Berechnung der Arbeitszeit auf Monatsbasis" und damit verbunden zum Anspruch auf „Mehrarbeitszuschlag bei Inanspruchnahme von Urlaub".[137]

Durch die Vorabentscheidungen entscheidet der EuGH gem. Art. 267 AEUV über die Auslegung des Europarechts und damit auch über EU-Richtlinien wie die Leiharbeitnehmer-Richtlinie 2008/104/EG. Nach Art. 288 Abs. 3 AEUV sind die Ziele der Richtlinien verbindlich. Die Form und Mittel zu ihrer Umsetzung obliegen den Mitgliedsstaaten. Die Antworten auf die Vorabentscheidungsersuchen ermöglichen eine mit EU-Richtlinien konforme Auslegung durch die nationale Rechtsprechung. Gerichte trägen auf diesem Weg zur nationalen Rechtsfortbildung bei.

Unionsrecht kann so in allen EU-Mitgliedsstaaten gleich angewendet werden.[138]

Die Antworten des EuGH auf die Vorabentscheidungsersuchen sind teilweise sehr konkret. So wird festgestellt, dass ein LeihAN auch auf einem auf Dauer in einem Unternehmen eingerichteten Arbeitsplatz eingesetzt werden kann.[139] Auch kann durch einen Tarifvertrag von der nationalen Regelung zur Höchstüberlassungsdauer abgewichen werden.[140]

Aus der Verpflichtung zur Achtung des Gesamtschutzes von LeihAN kann nicht abgeleitet werden, dass eine Pflicht zum Abschluss eines unbefristeten Arbeitsvertrages zwischen Verleiher und LeihAN besteht.[141] Bei der Ermittlung der Voraussetzungen zur Gewährung von Mehrarbeitszuschlägen sind (Mindest-) Urlaubstage wie Arbeitstage zu berücksichtigen.[142]

ie Worte "können müssenßtehen so im EuGH-Urteil,Das Zitat geht dann aber weiter. Korrekterweise hätte ich den Punkt nach den Anführungszeichen setzen müssen.

Andererseits eröffnen die Antworten den Gerichten auch einen Auslegungsspielraum. So wird bspw. festgestellt, dass die Wertung des Begriffes „vorübergehend" Sache des

[135] Vgl. EuGH, Rs. C-311/21; Anlage A5 S. 103.

[136] Vgl. EuGH, Rs. C-427/21; Anlage A6; Personalgestellung auf Grundlage von § 4 Abs. 3 TVöD S. 107.

[137] Vgl. EuGH, Rs. C-514/20; Anlage A7 S. 108.

[138] Vgl. auch Dorda, R., Das Spannungsverhältnis zwischen dem EuGH und nationalen Verfassungsgerichten 2021, S. 20.

[139] Vgl. EuGH, Rs. C – 232/20, Rn. 38.

[140] Ebd., Rn. 111.

[141] EuGH, Rs. C-311/21, Rn. 57.

[142] EuGH, Rs. C-514/20, Rn. 46.

nationalen Gerichts ist.[143] Lassen tarifvertragliche Bestimmungen Ungleichbehandlungen zum Nachteil von LeihAN zu, so sind diese in geeigneter Weise auszugleichen.[144] Ob das tatsächlich in einem Tarifvertrag geschieht, soll „einer wirksamen gerichtlichen Kontrolle unterliegen können müssen".[145] Was das konkret heißt, wird sich in der Zukunft zeigen, kann eine derartige Regelung doch u. U. als Eingriff in die freie Tarifvertragsgestaltung angesehen werden. Das Urteil des EuGH in der Rs. C-311/21 mit der zitierten Antwort wurde erst am 15. Dezember 2022 verkündet.

2.3 Arbeitnehmerüberlassung versus Festanstellung

In Deutschland gibt es zahlreiche verschiedene Beschäftigungsmodelle. Der Sachverständigenrat unterteilt sie im Wesentlichen in das NAV und atypische Beschäftigungsformen.[146] Zu letzteren gehören bspw. befristete Beschäftigungen, Minijob, Midijob, freie Mitarbeit, Werkvertrag, Dienstvertrag, Beschäftigung als arbeitnehmerähnliche Person etc. In Deutschland ist laut WSI fast jeder zweite Job kein NAV.[147] Der für abhängig Beschäftigte verwendete Begriff des Arbeitnehmers wird nicht einheitlich verwendet. Bzgl. gerichtlicher Verfahren ist er in § 5 Abs. 1 ArbGG definiert. Darunter fallen Arbeiter, Angestellte und zur Berufsausbildung Beschäftigte.[148] Im Zuge der Novellierung des AÜG ist zudem der Begriff des Arbeitsvertrages in Abgrenzung zum Werkvertrag oder Dienstvertrag als § 611a in das BGB eingefügt worden.[149] Anforderungen an Form und Inhalt des Arbeitsvertrages sind 2022 mit Art. 1 des Gesetzes zur Umsetzung der EU-Richtline 2019/1152[150] durch Neufassung von § 2 NachwG präzisiert worden.[151]

Der Begriff des Normalarbeitsverhältnisses wird differenziert verwendet. Solange das NAV normal war, war der Begriff Normalarbeitsverhältnis nicht gebräuchlich. Im wissenschaftlichen Diskurs wird der Begriff erst seit Beginn der 1980er als sogenanntes Denkkonstrukt verwendet.[152] Unter einem Normalarbeitsverhältnis i. e. S. wird eine unbefristete sozialversicherungspflichtige Vollzeitbeschäftigung verstanden.

[143] Vgl. EuGH, Rs. C – 232/20, Rn. 63; Die LeihArbRL schreibt den Mitgliedsstaaten eine Konkretisierung des Begriffes „vorübergehend" nicht vor (vgl. BT WD 6 – 3000 – 162/14, S. 7).

[144] EuGH, Rs. C-311/21, Rn. 44.

[145] Ebd., Rn. 79.

[146] Vgl. dazu Sachverständigenrat, 2008, S. 421–450. NAV = Normalarbeitsverhältnis.

[147] Atypische Beschäftigung in Deutschland – siehe Anlage A9 S. 110.

[148] Vgl. auch ErfK / *Koch* ArbGG § 5, Rn. 1 – 5.

[149] Vgl. Art. 2 des Gesetzes zur Änderung des Arbeitnehmerüberlassungsgesetzes und anderer Gesetze (BGBl. I 2017, Nr. 8, S. 261); Grüneberg / *Weidenkaff* § 611a BGB, Rn. 1.

[150] BGBl. I 2022, Nr. 27, S. 1174–1181 – Gesetz zur Umsetzung der Richtlinie (EU) 2019/1152.

[151] Vgl. ErfK / *Preis* NachwG § 2, Rn. 4, 6, 11ff.

[152] Vgl. dazu Hoffmann, E.& Walwei, Normalarbeitsverhältnis: ein Auslaufmodell, 1998, S. 410.

I. w. S. werden auch unbefristete Teilzeitbeschäftigungen dazu gerechnet, obwohl sie letztlich kaum zu einer existenzsichernden Rentenanwartschaft führen.[153] Es gibt eine Vielzahl von Autoren, u. a. Schäfer und Seyda, die betonen, dass ein NAV erst normal ist, wenn eine tarifliche Vergütung und diverse Absicherungen hinzukommen.[154] Der Sprachlogik folgend müssten Arbeitsverhältnisse, die nicht über die genannten Merkmale verfügen, als unnormal oder anormal bezeichnet werden. Für diese Arbeitsverhältnisse wird aber – wie schon eingangs bemerkt – der Begriff atypisch verwendet. Etwas schwierig gestaltet sich bei der geschilderten Sicht die Zuordnung von Arbeitsverhältnissen in der Arbeitnehmerüberlassung. Obwohl die Arbeitsverhältnisse in der Leiharbeit in aller Regel formal die genannten Kriterien für Normalarbeitsverhältnisse erfüllen, ordnet der Sachverständigenrat sie nicht dieser Kategorie zu, weil „angesichts der empirisch beobachteten kurzen Dauer von Beschäftigungsverhältnissen in der Leiharbeitnehmerbranche [...] eine derartige Zuordnung nicht sachgerecht“[155] wäre. Für Zwecke der Statistik ist ein „Normalarbeitsverhältnis [...] ein abhängiges Beschäftigungsverhältnis, dass in Vollzeit beziehungsweise Teilzeit mit über 20 Wochenstunden und unbefristet ausgeübt wird.“[156] Arbeitnehmer in Leiharbeit werden auch in der Statistik zu den atypischen Beschäftigten gezählt.

Beim NAV ist der Arbeitnehmer direkt beim Arbeitgeber angestellt. Das NAV sollte grdsl. das vorherrschende Arbeitsmodell sein. 2005 arbeiteten 58 % der Erwerbstätigen in einem NAV[157], was auf dem ersten Blick viel erscheint, jedoch seit Jahren kontinuierlich sinkt. Die Aufhebung der Normalität der Arbeitsverhältnisse ist ein sehr schleichender Prozess (ähnlich wie eine Krankheit, die viele Jahre den menschlichen Körper vergiftet ...), welcher Erwerbstätige in immer mehr prekäre Arbeitsverhältnisse transportiert. Brandl und Hildebrandt beschreiben diese Entwicklung mit dem Begriff „Erosion des Normalarbeitsverhältnisses“[158], auf die hier i. E. nicht näher eingegangen wird. Wenn keine Gegensteuerung stattfindet, kann man mit Gewissheit sagen, dass die langfristige, gut bezahlte und gesicherte Erwerbsarbeit einengen und damit grdsl. verändern ggf. verschwinden wird, während schlecht bezahlte, ungesicherte und unbeständige Erwerbsarbeit zunimmt.[159] Diese Entwicklung gefährdet schnell die Existenz eines Sozialstaates der so kostspielig ist wie der deutsche.

---

[153] Vgl. dazu Sachverständigenrat, 2004, S. 172.

[154] Vgl. dazu Schäfer und Seyda, Individualisierung 2008, S. 145–172.

[155] Sachverständigenrat, 2004, S. 172.

[156] Statistisches Bundesamt, 2021, S. 168 (Info 4).

[157] Vgl. dazu Göttling, S., Am Rande der Arbeitsgesellschaft 2007, S. 10.

[158] Vgl. dazu Brandl, S. & Hildebrandt, E., Zukunft der Arbeit und soziale Nachhaltigkeit 2002, S.11.

[159] Vgl. Schulze Buschoff, K., Die Flexibilisierung der Arbeitszeiten in der Bundesrepublik Deutschland 2002.

Die Leih- oder Zeitarbeit ist aufgrund der oft nur vorübergehenden Tätigkeit im Betrieb des Entleihers sehr atypisch.[160] Das sogenannte Dreiecksverhältnis der Zeitarbeit ist die Zusammenarbeit zwischen Personaldienstleister als Verleiher, dem Kundenunternehmen als Entleiher und dem Arbeitnehmer als Leiharbeiter. Der Begriff „Leiharbeiter" hat sich im Laufe vieler Jahre und Jahrzehnte im Sprachgebrauch verfestigt.[161] Beachtet werden muss, dass der Begriff nicht mit der Leihe i. S. d. § 598 BGB verwandt ist. Es handelt sich schließlich nicht um den *unentgeltlichen* Gebrauch einer *Sache*. Bei der Leiharbeit wird zwischen der echten und der unechten Leiharbeit unterschieden. Während bei der echten Leiharbeit der LeihAN dauerhaft, also für einen längeren Zeitpunkt, beim Entleiher bleibt, wechselt der LeihAN bei der unechten Leiharbeit regelmäßig den Einsatzort und damit auch den Entleiher.[162]

In beiden Beschäftigungsmodellen – sowohl in der Arbeitnehmerüberlassung als auch in der Festanstellung – leisten Arbeitnehmer auf Basis eines Arbeitsvertrages gem. § 611a Abs.1 BGB gegen Entgelt weisungsgebundene, fremdbestimmte Arbeit. Der Unterschied der Arbeitnehmerüberlassung gegenüber der Festanstellung in einem Unternehmen besteht darin, dass der LeihAN einen Arbeitsvertrag mit seinem Verleiher abschließt, die eigentliche Arbeitsleistung aber im Betrieb eines Dritten erbracht wird. Waren früher die LeihAN vorwiegend in Produktionsunternehmen anzutreffen, werden sie aufgrund der sich verändernden Wirtschaftsstruktur in Deutschland nun mehr und mehr im Bereich der sonstigen wirtschaftlichen Dienstleistungen eingesetzt (hierunter fällt vor allem der Lager- und Transportbereich).

37 % aller Leiharbeitsverhältnisse sind noch immer in Produktionsberufen tätig, gefolgt von 36 % in sonstigen wirtschaftlichen Dienstleistungsberufen. 13 % arbeiten in den personenbezogenen Dienstleistungsberufen wie z. B. in der Pflege oder im Gastgewerbe. 11 % befinden sich im kaufmännischen Bereich und in den unternehmensbezogenen Dienstleistungsberufen wie etwa dem Handel. In den IT -und naturwissenschaftlichen Berufen ist der Einsatz von LeihAN rückläufig.[163] Dies hat sicherlich etwas damit zu tun, dass hier AG eine Fluktuation von Fachkräften vermeiden wollen.

In der Leiharbeit sind mehr Männer (71 %) als Frauen tätig. 45 % der Männer sind in Produktionsberufen beschäftigt. Frauen hingegen arbeiten mehr in den Dienstleistungsberufen und in der Pflege.[164] Bis Juni 2021 waren insg. 784.000 Menschen in einem Arbeitnehmerüberlassungsarbeitsverhältnis tätig, davon wiederum 741.000 Menschen in einem sozialversicherungspflichtigen Beschäftigungsverhältnis.

---

[160] Vgl. dazu Sachverständigenrat, 2008, S. 421–450.

[161] Vgl. dazu Schaub, A., Arbeitnehmerüberlassung 2001, S. 1.

[162] Ebd., AÜG Einleitung.

[163] Statistik der Bundesagentur für Arbeit, S. 12; siehe auch Anlage A9 S. 110.

[164] Ebd., S. 14.

Während der Corona-Pandemie nahm die Leiharbeit zeitweise geringfügig ab.[165] Seit 1980 steigt die Anzahl der Leiharbeiter in Deutschland ansonsten kontinuierlich an.[166] Befördert wurde diese Entwicklung durch die Hartz-Reformen. Sie sollten nach Ansicht des Sachverständigenrates u. a. helfen, Anspruchslöhne zu senken, den Niedriglohnbereich auszubauen und mehr Flexibilität herzustellen und auf diese Weise „Bei der Bekämpfung der Arbeitslosigkeit an den Ursachen ansetzen."[167] Zu den Reformen gehörte mit Hartz-I auch die Reform des AÜG im Jahr 2004.[168]

Hartz-I hat zu einer Ausweitung der Möglichkeiten für Verleiher und Entleiher gesorgt. Aufgrund der EU-Richtlinie 2008/104/EG war der Gesetzgeber gezwungen, mit der Neufassung des AÜG im Jahr 2017 einige dieser Möglichkeiten wieder zurückzunehmen. So wurde bspw. wieder eine Höchstüberlassungsdauer eingeführt. Ein Missbrauchspotential existiert aber weiterhin. Gesetzliche Regelungen können durch tarifvertragliche Regelungen, die Vorrang haben, umgangen werden. „Flexibel ausgestaltet" werden nicht selten einsatzlose Zeiten. Die sogenannten Wartezeiten fallen an, wenn der LeihAN nicht im Arbeitseinsatz ist. Der Verleiher als AG ist dem LeihAN aber das Arbeitsentgelt schuldig, auch wenn er ihn nicht beschäftigen kann. Daher müssen LeihAN in der Praxis oft Plusstunden aufbauen, arbeitsrechtlich also vorarbeiten, um fehlende Einsatzzeiten, die der Verleiher zu vertreten hat, zu überbrücken.[169]

2.3.1 Leiharbeit aus Sicht der Entleiher

Betriebswirtschaftliche Perspektive

Bei der Leiharbeit handelt es sich betriebswirtschaftlich um eine eingekaufte Fremdleistung. Der Entleiher greift darauf in der Regel nur zurück, wenn er sie benötigt.[170] Leiharbeit spart allerdings kein Geld im Vergleich zu einem festangestellten Arbeitnehmer. Der Entleiher zahlt indirekt über den Verleiher den Lohn für den LeihAN und zusätzlich einen Überschuss an den Verleiher. Im Durchschnitt machen die Entleihgebühr 37,5 % des dem Verleiher geschuldeten Betrages aus.[171] Aus betriebswirt-

[165] Statistik der Bundesagentur für Arbeit, S. 9.

[166] Ebd., S. 7.

[167] Vgl. Sachverständigenrat, 2002, S. 10 (Schaubild 4).

[168] Vgl. dazu Bellmann, L. & Kühl, A., Expansion der Leiharbeit 2008, S. 14.

[169] Vgl. dazu LAG 15 Sa 982/14.

[170] Zu Motiven für den Einsatz von Leiharbeitnehmern s. a. Brändle et al., 2022, S. 105f., S. 127 (Abbildung 3.4.11).

[171] Vgl. Brändle et al., 2022, S. 288f; Der Begriff der Entleihgebühr wird nicht einheitlich gebraucht. Bei Ochel, 2003, S. 23 (Abb. 1) ist die Entleihgebühr identisch mit den gesamten Kosten für den Entleih. Im Bericht zur Evaluation des AÜG von Brändle et al. wird die Entleihgebühr auf S. 288 als „Differenz zwischen den Kosten für den Entleih und dem tatsächlichen Lohn der Leiharbeitskräfte" eingeführt.

schaftlicher Sicht sind für ihn nur die ihm vom Verleiher in Rechnung gestellten Kosten von Interesse. Die Entleihgebühren sind vermutlich dort höher, wo es nur wenige LeihAN gibt oder diese dringend benötigt werden. Bei Leistungen im Bereich der Informations- und Kommunikationstechnik wird bspw. von etwa 42 % ausgegangen.[172]

Rechtliche Perspektive

Die Überlassung eines AN durch den Verleiher an den Entleiher bedarf eines schriftlichen Vertrages. Zwischen LeihAN und Entleiher entsteht kein Arbeitsverhältnis. Die Rechtsbeziehungen zwischen Verleiher und Entleiher sind in § 12 AÜG geregelt. Gem. § 9 Abs. 1 AÜG ist der Vertrag nur wirksam, wenn der Verleiher die für die Arbeitnehmerüberlassung erforderliche Erlaubnis hat. Liegt keine derartige Erlaubnis vor, kommt ein Arbeitsverhältnis zwischen Entleiher und LeihAN gem. § 10 Abs. 1 AÜG zustande. Sonderfälle zur Vermeidung von Kurzarbeit regelt § 1a AÜG.[173] Werden vom Verleiher geschuldete Sozialabgaben nicht abgeführt, haftet der Entleiher gem. § 28e Abs. 2 SGB IV dafür. Gegenüber dem LeihAN hat der Entleiher nur eine partielle Arbeitgeberstellung. Er hat dem LeihAN gegenüber ein Weisungsrecht und auch das Recht, die vereinbarte Leistung zu fordern. Der Entleiher will über die Arbeitsleistung des LeihAN verfügen und dem LeihAN vermitteln, ihm gegenüber wunsch- und zielgerichtet agieren zu können[174], obwohl er nicht sein Arbeitgeber ist. Zu gewährleisten hat er aber, dass die allg. Schutzstandards eines Arbeitsverhältnisses eingehalten werden.[175] Der Entleiher ist allerdings nicht verpflichtet, dem LeihAN ein Arbeitszeugnis auszustellen, wohl aber dazu berechtigt. Als Entleiher hat er LeihAN über bei ihm zu besetzende Arbeitsplätze gem. § 13a Abs. 1 AÜG zu informieren. LeihAN muss er gem. § 13b Zugang zu den Gemeinschaftseinrichtungen und -diensten wie bei ihm angestellten vergleichbaren Arbeitnehmern gewähren. Ein LeihAN hat unter den in § 13a Abs. 2 AÜG genannten Rahmenbedingungen Anspruch, eine begründete Antwort auf einen von ihm geäußerten Wunsch nach Abschluss eines Arbeitsvertrages zu bekommen.

Bei dieser Definition bleibt leider intransparent, ob die Sozialabgaben des Arbeitgebers sinnstiftend berücksichtigt werden. Trotzdem wird der Begriff im Buch so verwendet, um die Verwirrung beim Bezug auf Angaben im Evaluationsbericht in Grenzen zu halten.

[172] Ebd.

[173] Vgl. ErfK / *Roloff* AÜG § 1a, Rn. 1ff.

[174] Vgl. dazu Schaub, A., Arbeitnehmerüberlassung 2001, S. 34/35.

[175] Ebd., § 1, Rn. 90.

Sozialwirtschaftliche Perspektive

Für Entleiher bietet die Arbeitnehmerüberlassung die Möglichkeit, den Personaleinsatz flexibel an die Auftragslage anzupassen und damit auch die Wirtschaftstätigkeit zu beleben, im günstigsten Fall so zu einem höheren Steueraufkommen beizutragen. Auch ermöglicht Leiharbeit, kurzfristige Personalausfälle – z. B. im Rahmen des Mutterschutzes – zu überbrücken. Mit Problemen des Kündigungsschutzes beim Personalabbau wird der Entleiher nicht konfrontiert, hat dadurch eine höhere Planungssicherheit. Auch ergibt sich für ihn die Möglichkeit zur Rekrutierung von qualifiziertem Personal aus dem Kreis der LeihAN. Ein derartiger Wechsel ist sozialpolitisch erwünscht.[176]

Arbeitnehmerüberlassung kann damit auch einen Beitrag zur Reduzierung von Arbeitslosigkeit leisten. Allerdings besteht ebenfalls die Gefahr des Missbrauchs durch Umgehung der mit § 8 AÜG geforderten Umsetzung des Gleichstellungsgrundsatzes[177] zulasten von LeihAN, die Gefahr eines geringeren Arbeitsentgelts im Vergleich zu Festangestellten, was letztlich auch geringere Beiträge zu den Sozialkassen zur Folge hat. Aus sozialpolitischer Sicht lässt sich an dieser Stelle wahrscheinlich nur schlussfolgern, dass es generell gut ist, Menschen in Arbeit zu bringen, ihnen eine Beschäftigungsmöglichkeit zu bieten, jedoch nicht um jeden Preis.

Eine langandauernde Arbeitnehmerüberlassung schadet vermutlich den Grundlagen des Sozialstaats. Denn, wenn ein Mensch zwar in Arbeit ist, sich aber nichts leisten kann und dadurch dem Sozialstaat auf der Tasche liegt, indem womöglich niedriger Lohn oder später eine niedrige Rente durch Sozialleistungen aufgestockt werden muss, demütigt ihm das vermutlich auch. Bei Einkommen unter der Bedarfsgrenze hat Arbeit eine schädigende Langzeitwirkung. Arbeiten muss sich immer auch lohnen. Und zwar für alle Seiten.

2.3.2 Leiharbeit aus Sicht der Leiharbeitnehmer

Betriebswirtschaftliche Perspektive

Ein Mensch kommt über Leiharbeit sehr schnell in Arbeit. Arbeitskräftepotential liegt somit nicht brach und kann dort eingesetzt werden, wo es benötigt wird. Zudem führen niedrige Lohnersatzleistungen auch zu niedrigeren Anspruchslöhnen und erhöhen die Notwendigkeit oder das Interesse an einer Arbeitsaufnahme. Das war eine Überlegung, die in Vorbereitung der Arbeitsmarktreformen der 2000er Jahre vom Sachverständigenrat, in den Diskurs eingebracht wurde.[178]

176 Vgl. zum sogenannten „Klebeeffekt" auch ErfK/*Roloff* AÜG § 9, Rn. 17.

177 Vgl. dazu BA, 2019, S. 79 (Abschnitt 8. § 8 Grundsatz der Gleichstellung).

178 Vgl. Sachverständigenrat, 2002, S. 216.

Rechtliche Perspektive

Der LeihAN steht in einem Arbeitsverhältnis mit dem Unternehmen des Verleihers. In die Arbeitsorganisation des Entleihers ist er gem. § 1 Abs. 1 Satz 2 eingegliedert und unterliegt den Weisungen des Entleihers. Der LeihAN hat gem. § 8 Abs. 1 AÜG gesetzlich einen Anspruch auf Gewährung der im Wesentlichen gleichen Arbeitsbedingungen wie ein vergleichbarer AN im Betrieb des Entleihers, umschrieben mit dem Begriff „Equal Treatment", was das Arbeitsentgelt und somit „Equal Pay" einschließt.[179] Allerdings kann dieses Recht durch tarifvertragliche Regelungen eingeschränkt werden, indem Gleichbehandlung gem. § 8 Abs. 2, 4 AÜG in einem Einsatz beim Entleiher erst nach einer Wartezeit gefordert wird. Nach dieser „Wartezeit" müsste dann Gleichbehandlung erfolgen. Wird allerdings dann der Einsatz bei einem Entleiher durch eine dreimonatige Frist gem. § 1 Abs. 1b AÜG unterbrochen und erst danach fortgesetzt, wird dieser fortgesetzte Einsatz beim Entleiher wieder wie ein Ersteinsatz behandelt, mit anderen Worten die Gleichbehandlung muss erneut „erwartet" werden.

Wiederholt wird diese Praxis von LeihAN beklagt. Gesetzlich beträgt die Höchstdauer der Überlassung bei demselben Entleiher gem. § 1 Abs. 1b AÜG 18 Monate. Tarifparteien können eine andere Überlassungshöchstdauer vereinbaren. Es besteht für LeihAN gem. § 13a AÜG ein Recht über freie Stellen beim Entleiher informiert zu werden oder auch eine Antwort auf eine gewünschte Übernahme in ein Arbeitsverhältnis beim Entleiher einzufordern. LeihAN sind im Betrieb des Entleihers gem. § 14 Abs. 2 Satz 1 AÜG nicht in Arbeitnehmervertretungen nach BetrVG wählbar. Das aktive Wahlrecht haben sie gem. § 7 Satz 2 BetrVG nach drei Monaten des Einsatzes im Betrieb des Entleihers. LeihAN können aber die Arbeitnehmervertretungen im Betrieb des Entleihers aufsuchen und sind berechtigt, an Betriebsversammlungen im Betrieb des Entleihers teilzunehmen.

Sozialwirtschaftliche Perspektive

Gem. § 20 AÜG war das Arbeitnehmerüberlassungsgesetz im Jahr 2020 zu evaluieren. Dieser Termin ist nicht gehalten worden. Ein Bericht der beauftragten Forschungseinrichtungen wurde Ende 2022 vorgelegt. Große Fortschritte bzgl. gleichen Lohnes von LeihAN und Stammbelegschaft – Equal Pay – konnten durch die Reform nicht festgestellt werden. So wurde in Zweifel gezogen, dass die Festlegung der Überlassungshöchstdauer die erwünschten Effekte zur Folge hat, auch wenn sie im Mittel zu einer Reduzierung der Einsatzdauern geführt hat.[180]

---

[179] Vgl. ErfK / *Roloff* AÜG § 8, Rn. 1.

[180] Vgl. Brändle et al., 2022, S. 21, 375ff, aber auch S. 369.

Der Median der monatlichen Bruttoarbeitsentgelte der LeihAN betrug 2020 1.954 € und fiel damit 44 % niedriger aus als der entsprechende Wert für alle Arbeitskräfte. Letzterer Wert ist die unbereinigte prozentuale Entgeltlücke in der Leiharbeit im Jahr 2020.[181] Differenzierende Faktoren für die Ermittlung einer bereinigten Entgeltlücke sind u. a. die Art der ausgeübten Tätigkeit, die Einsatzbranche und die Dauer des unterbrechungslosen Einsatzes im Unternehmen des Entleihers. In vielen Fällen erhalten Leiharbeiter auch nicht die tariflichen Zuschläge, die die Stammbelegschaft für Mehr-, Nacht- und Wochenendarbeit bekommt, oder andere Prämien und Leistungen, die im Betrieb des Entleihers üblich sind, in vollem Umfang.[182] Die durchschnittlichen Stundenlöhne von Leiharbeitern mit Helfertätigkeit sind am geringsten, höher sind sie bei Fachkräften und Spezialisten und am höchsten bei Experten.[183] Die Entgeltlücke ist beim Einsatz im Gesundheits- und Sozialwesen sowie dem Gastgewerbe am geringsten, in Energieversorgung, Verkehr und Lagerwirtschaft sowie dem verarbeitenden Gewerbe am größten.[184] Bei Nutzung tarifvertraglicher Ausnahmeregelungen sind die Entgeltlücken zu Beginn der Tätigkeit des LeihAN am größten. Ein Vergleich im Bereich der Metall- und Elektroindustrie in Baden-Württemberg weist in den ersten sechs Wochen eine Entgeltlücke von etwas mehr als 42 %, nach 12 Monaten von etwas weniger als 13 % und nach 15 Monaten von ungefähr 5 % aus.[185] Der Effekt wirkt sich stärker bei Helfertätigkeiten mit geringerer Einsatzdauer aus, die wegen kürzerer Einarbeitungszeiten betriebswirtschaftlich sinnvoll sein kann, als bei höher qualifizierten LeihAN. Auch nach der Reform des AÜG im Jahr 2017 gibt es eine Entgeltlücke zwischen LeihAN und der Stammbelegschaft und sie ist nicht kleiner geworden.[186]

Für den LeihAN spielt aber bei der Beurteilung seiner sozialen Situation auch die Seriosität des Arbeitgebers eine Rolle. So wird auch berichtet, dass LeihAN an einer Übernahme in das Unternehmen des Entleihers nicht interessiert sind, weil ihnen der Arbeitsvertrag mit dem Verleiher als die bessere Lösung im Vergleich zu einem Vertrag mit dem Entleiher erscheint.[187]

---

[181] Vgl. ebd., S. 248; Brändle et al. verwenden für diesen Wert zur Charakterisierung der Entgeltlücke in Anlehnung an den unbereinigten Gender Pay Gap die Bezeichnung unbereinigter Pay Gap.

[182] Vgl. dazu Dörre et al., Leiharbeit in Thüringen 2003, S. 20.

[183] Vgl. ebd., S. 260 (Abbildung 3.7.2).

[184] Vgl. ebd., S. 285 (Abbildung 3.7.9).

[185] Vgl. ebd., S. 256 (Tabelle 3.7.3); Für Leiharbeiter im Bereich Lagerwirtschaft wird in den ersten sechs Wochen eine Entgeltlücke von 34 % ausgewiesen, siehe S. 257 (Tabelle 3.7.4).

[186] Vgl. ebd., S. 299.

[187] Persönliche Information aus Gesprächen im Rahmen der beruflichen Tätigkeit der Verfasserin. Vgl. auch Brändle et al., 2022, S. 141 (Abb. 3.5.3).

2.3.3 Leiharbeit aus Sicht der Verleiher

Betriebswirtschaftliche Perspektive

Ein Verleiher trägt in einem Arbeitsmarkt mit einer Nachfrage nach LeihAN ein verhältnismäßig geringes betriebswirtschaftliches Risiko. Er schuldet als AG des LeihAN diesem das Arbeitsentgelt und die Arbeitgeberanteile der Sozialabgaben. Zu Zahlungen ist er gegenüber dem LeihAN auch bei Krankheit, Urlaub und zwischen Einsätzen in Betrieben von Entleihern verpflichtet und er muss dafür entsprechende Rücklagen bilden. In einem Nachfragemarkt werden diese Zwischenzeiten in der Regel kurz sein. Mit diesen und seinen sonstigen Aufwendungen muss er die Entleihgebühr kalkulieren. Als Aufwendungen fallen bei ihm wie üblich Verwaltungskosten, die Gebühr für die Erteilung der Erlaubnis zur Arbeitsvermittlung nach der Besonderen Gebührenverordnung BMAS[188], unter Umständen Ausgaben für die Weiterbildung von LeihAN[189] und weitere Kosten an. Durch die Komplexität der Regelungen bei der Arbeitnehmerüberlassung ist beim Verleiher vielfach juristisches Fachwissen erforderlich, um Sanktionen für Ordnungswidrigkeiten gem. § 16 AÜG zu vermeiden.[190] Sind insb. Tarifverträge und damit verbunden Einsatzzeiten der LeihAN in Zusammenhang mit der Dauer von Überlassungen und Angleichung der Arbeitsentgelte von LeihAN an die der Stammbelegschaft zu berücksichtigen, ist vielfach ein zusätzlicher IT-Aufwand erforderlich. Anscheinend führt daher die Anwendung tarifvertraglich möglicher Ausnahmeregelungen auf Basis von § 8 Abs. 2 AÜG auf Grund des höheren Aufwandes beim Verleiher auch zu einer höheren Entleihgebühr, wohingegen sie bei Anwendung der gesetzlichen Vorgaben geringer ist.[191]

Rechtliche Perspektive

Voraussetzung für eine Tätigkeit als Entleiher ist eine Erlaubnis gem. § 1 Abs. 1 AÜG. Die Erlaubnis kann mit Auflagen verbunden werden und wird zunächst jeweils auf ein Jahr befristet erteilt. Sie kann aber auch versagt, zurückgenommen und widerrufen werden.[192] Einzelheiten regeln §§ 2, 3, 4, 5 AÜG. Der Verleiher ist zum Anzeigen von Veränderungen, die Auswirkungen auf die Arbeitnehmerüberlassung haben, sowie zur Erteilung von Auskünften auf Verlangen der Erlaubnisbehörde gem. § 7 AÜG verpflichtet. Bei der Gestaltung des Arbeitsvertragsverhältnisses mit dem LeihAN ist § 11 AÜG zu beachten. Der Verleiher trägt die Arbeitgeberpflichten. Befindet

---

[188] Besondere Gebührenverordnung des Bundesministeriums für Arbeit und Soziales für individuell zurechenbare Leistungen in dessen Zuständigkeitsbereich (BMASBGebV (BGBl I 2021, Nr. 52, S. 3367)).

[189] Vgl. Brändle et al., 2022, S. 353f.

[190] Ebd., S. 321f.

[191] Vgl. dazu Brändle et al., 2022, S. 290f.

[192] Vgl. BA, 2019, S. 40ff. (Abschnitt 2. § 2 Erteilung und Erlöschen der Erlaubnis).

sich der Verleiher gegenüber dem LeihAN in Zahlungsverzug, kann dieser seine Arbeitsleistung zurückhalten.[193] Zwischen Einsätzen bei einem Entleiher besteht gem. § 11 Abs. 4 Satz 2 AÜG ein Recht des LeihAN auf Vergütung.[194] Nur dauerhaft fehlende Überlassungsaufträge berechtigen zu einer betriebsbedingten Kündigung eines LeihAN, kurzfristige Auftragsschwankungen stellen ein typisches unternehmerisches Risiko dar.[195] Die Rechtsbeziehungen des Überlassungsverhältnisses zwischen Verleiher und Entleiher regelt § 12 AÜG. Der Überlassungsvertrag muss gem. § 12 Abs. 1 AÜG auch Angaben zum Arbeitsentgelt beinhalten, das der Entleiher einem vergleichbaren bei ihm angestellten AN zahlen würde. Eine Überlassung zu normalerweise von Bauarbeitern durchgeführten Arbeiten im Baugewerbe ist gem. § 1b AÜG und in Betrieben der Fleischwirtschaft gem. Art. 2 Nr. 5 Arbeitsschutzkontrollgesetz[196] nicht gestattet. Eine Arbeitnehmerüberlassung aus Nicht-EU/EWR-Staaten ist untersagt.[197]

Sozialwirtschaftliche Perspektive

Der beim Verleiher angestellte LeihAN sollte die durch ein gesetzlich begründetes Arbeitsverhältnis gegebene Sicherheit haben. Das Risiko für Zeiten, in denen kurzfristig eine Beschäftigung bei einem Entleiher nicht erfolgt, trägt der Verleiher. Nicht selten wird aber von LeihAN berichtet, dass ein während des Einsatzes bei einem Entleiher aufgebautes Arbeitszeitkonto mit Zeiten, in denen kein Einsatz erfolgt, „verrechnet" wird. Aus dem AÜG ist auch nicht ersichtlich, ob der LeihAN einen Anspruch auf eine Information über die Höhe des Arbeitsentgelts eines vergleichbaren Arbeitnehmers beim Entleiher hat, die im Überlassungsvertrag dargelegt ist. Vom Grundsatz her ist der Einsatz bei einem Entleiher vorübergehend. Das erschwert den Aufbau sozialer Bindungen im Arbeitsumfeld. Kurze Einsatzzeiten bei einem Entleiher stehen dem entgegen. Allerdings darf andererseits nicht verkannt werden, dass unter Umständen erst die Aufnahme einer Tätigkeit in der Arbeitnehmerüberlassung einen Einstieg oder Wiedereinstieg in eine geregelte Beschäftigung ermöglicht. Die Umwandlung von Leiharbeit in Festanstellung wird als ein zentrales Ziel der Arbeitnehmerüberlassung angesehen.[198] Haben Personen keine Berufsausbildung, kein Studium oder wissen sie ggf. nach der Berufsausbildung oder nach dem Studium nicht, was sie machen sollen, bietet sich aus Sicht der Verleiher die Zeitarbeit an. Für eine kurze Verweildauer von

---

[193] Vgl. ErfK / *Roloff* AÜG § 1, Rn. 87.

[194] Das schließt auch aus, dass Nichteinsatzzeiten im Arbeitszeitkonto des Leiharbeitnehmers als Minuszeiten verbucht werden, s. a. Hessisches LAG, 28.04.2016 – 9 Sa 1287/15, Rn. 2, 5.

[195] Vgl. ErfK / *Roloff* AÜG § 1, Rn. 85, 86.

[196] Gesetz zur Verbesserung des Vollzugs im Arbeitsschutz (BGBl I 2020, Nr. 67, S. 3334).

[197] BA, 2019, S. 63 (Abschnitt 3.3 Verleih aus Nicht-EU/EWR-Staaten).

[198] Vgl. dazu Brändle et al., 2022, S. 365.

evtl. 12 Monaten ist dieses Beschäftigungsmodell wahrscheinlich nicht schlecht. Was aber, wenn die Betroffenen über viele Jahre hinweg in der Zeitarbeit arbeiten?

2.3.4 Festanstellung aus Sicht des Arbeitgebers

Betriebswirtschaftliche Perspektive

Bei Festanstellung entfällt auf Seiten des Entleihers die Zahlung der Entleihgebühr[199] an den Entleiher. Die Festanstellung auf unbestimmte Zeit ermöglicht aber kaum eine Anpassung des Personals an zeitlich begrenzte Auftragsspitzen.[200] Aufgrund des Kündigungsschutzes ist daher mit Entlassungskosten beim Personalabbau zu rechnen. Andererseits entfallen Kosten für die Einarbeitung, im Unternehmen aufgebautes Wissen geht nicht verloren und es kann bei kurzfristigen Aufträgen schnell darauf zurückgegriffen werden. Mitarbeiterbindung kann auch dazu beitragen, die Mitarbeitermotivation zu erhöhen und so einen positiven Einfluss auf das Betriebsergebnis haben.

Rechtliche Perspektive

Ein Unternehmen kann nur dann langfristig erfolgreich sein, wenn es genügend Humankapital bindet. Somit lässt sich auch sagen: Humankapital ist der Erfolgsfaktor jedes AG. AG und Unternehmen sind jedoch zunächst voneinander abzugrenzen. Arbeitgeber ist, wer mindestens einen AN beschäftigt.[201] Ein Unternehmen hingegen ist eine organisatorisch eigenständige Einheit, die i. d. R. wirtschaftliche und ideelle Zwecke verfolgt.[202] Humankapital eines jeden einzelnen Menschen bildet sich in der Familie, an diversen Lernorten, am Arbeitsplatz und in der Freizeit. Damit entsteht ein Humankapitalzyklus der durch verschiedene Faktoren beeinflusst wird.[203] Wird einer der zuvor genannten Einflussfaktoren verschoben, verändert oder verdrängt, wird der Humankapitalzyklus gehemmt bzw. unterbrochen. Jeder einzelne Mitarbeiter im Unternehmen ist mit seinen Kenntnissen und Fähigkeiten, durch seinen Humankapitalzyklus am Erfolg des Unternehmens beteiligt. Verzichtet der Arbeitgeber demnach bewusst auf Normalarbeitsverhältnisse, schwächt er demnach auch seinen Erfolg, da die Qualität der Arbeitsleistung (Produktivität) sinkt. Ein AG ist daran interessiert, dass sein Unternehmen Erfolg hat. Hat das Unternehmen Erfolg, besteht eine lange Existenz, bestehen Zufriedenheit und Erfolg in der Volkswirtschaft

[199] Bei der Bewertung der Kostenersparnis ist ggf. der Arbeitgeberanteil der Sozialabgaben noch von der Entleihgebühr abzuziehen.

[200] Ebd., S. 126.

[201] Vgl. ErfK/*Preis* BGB § 611a, Rn. 202.

[202] Vgl. dazu Graewe, D., Wirtschaftsrecht 2017, S. 205.

[203] Vgl. dazu Soyka, K., Humankapital und Intellectual Capital 2006, S. 97.

und die sozialen Risiken[204] sinken. Ein AG hat sicherlich kein Interesse, in LeihAN zu investieren, da er sie einfach austauschen kann. Damit sinkt aber auch der Erfolg des Unternehmens. Unternehmen sind sicherlich in der Lage, aufwendige Bewerbungsgespräche für Arbeitnehmer im nicht akademischen Bereich einfacher, kostengünstiger (auch durch computergestützte Programme [Künstliche Intelligenz]) und effektiver zu gestalten. Hins. Kündigungen ist der Arbeitgeber eingeschränkt. So muss die Kündigung nach §§ 1 Abs. 1, 23 Abs. 1 KSchG sozial gerechtfertigt sein.

Der Grundsatz der Kündigungsfreiheit gilt für den AG nur, wenn weder der allg. Kündigungsschutz noch besondere Kündigungsschutzbestimmungen eingreifen. Bei einer ordentlichen Kündigung muss die bestehende Kündigungsfrist eingehalten werden. Das bedeutet, dass ein Arbeitsverhältnis nicht mit sofortiger Wirkung, beendet werden kann. § 622 Abs. 1 BGB sagt dazu, dass das Arbeitsverhältnis eines AN unter Einhaltung einer Frist von vier Wochen zum 15. oder zum Ende eines Monats gekündigt werden kann.[205]

Sozialwirtschaftliche Perspektive

AN in Normalarbeitsverhältnissen sind leistungsfähiger und dem AG gegenüber loyaler als AN in atypischen Arbeitsverhältnissen. Damit trägt der AG auch zur Stabilität der Gesellschaft bei. Die Treuepflicht gegenüber dem Unternehmen ist nicht zu unterschätzen. AN im Normalarbeitsverhältnis identifizieren sich viel häufiger mit den Werten des Unternehmens und tragen dadurch zum langfristigen Erfolg bei.

2.3.5 Festanstellung aus Sicht des Arbeitnehmers

Betriebswirtschaftliche Perspektive

Eine Festanstellung sorgt nicht nur für mehr Geld in der Tasche des Arbeitnehmers, sie sorgt auch für mehr Geld im Sozialversicherungssystem – in der Krankenversicherung, der Rentenversicherung und der Arbeitslosenversicherung. Der Arbeitnehmer profitiert davon ggf. durch höheres Krankentagegeld, höhere Rente bzw. höheres Arbeitslosengeld. Mit einem monatlich sicheren Gehalt können Arbeitnehmer mit ihrer Kaufkraft die heimische Wirtschaft ankurbeln, indem sie nicht nur die Produkte vor Ort kaufen, sondern auch entsprechende Wohnungen mieten oder Häuser bauen. Sie können für ihre Zukunft (u. a. Alterssicherung) Geld ansparen. Durch betriebliche Weiterbildungen steigt ihr Wert für das Unternehmen und damit die Möglichkeit, im Unternehmen aufzusteigen und so mehr zu verdienen.

[204] Vgl. dazu Keller, B. & Seifert, H., Atypische Beschäftigungsverhältnisse und soziale Risiken 2011, S. 28. Verglichen wurden vor allem atypische Beschäftigung und Niedrig-Einkommen mit NAV.

[205] Vgl. dazu Marschollek, G., Arbeitsrecht 2019, Rn. 436.

Rechtliche Perspektive

Da der Arbeitnehmer bei Festanstellung seine Leistung im Dienste eines anderen erbringt, hat dies natürlich auch große Bedeutung für die Kündigung leistungsschwacher Arbeitnehmer, in Bezug auf eine Kündigung wegen fehlender Eignung oder schwacher Leistung. Ein LeihAN würde bei schwacher Leistung vom Entleiher sofort abgezogen werden können und hätte dann entweder keine Beschäftigung oder wäre am nächsten Tag irgendwo anders beschäftigt.

Das BAG hat genau dazu eine gute Formel aufgestellt:

„Ein Arbeitnehmer muss tun, was er soll, und zwar so gut, wie er kann.“[206]

Von einem Festangestellten kann sich der AG durch Aufhebungsvertrag oder Kündigung trennen. Unter einer Kündigung wird die einseitige Beendigung eines Dauerschuldverhältnisses verstanden.

Dabei wird zwischen ordentlichen (§ 622 BGB) und außerordentlichen (§ 626 BGB) Kündigungen unterschieden. Erstere sind Kündigungen innerhalb festgelegter Fristen oder bei Vorliegen anderer vertraglich vereinbarter Voraussetzungen. Außerordentliche Kündigungen hingegen lösen ein Verhältnis auf Grundlage von Sonderregelungen vor Ablauf der Fristen auf.

Sozialwirtschaftliche Perspektive

In Zeiten von erhöhtem Fachkräftemangel sollte erwartet werden, dass Unternehmen bestrebt sind, ihr Personal zu halten. Das spricht für einen Ausbau von Normalarbeitsverhältnissen, da diese vor allem Planungssicherheit für die Zukunft liefern – nicht nur für den AN, sondern auch für den AG.

2.3.6 Unterschiede in der Verdienstentwicklung

Auf die Lücke in den Arbeitsentgelten von LeihAN und Festangestellten ist an anderer Stelle im Buch schon hingewiesen worden.[207] Gem. § 8 Abs. 1 AÜG haben LeihAN zwar Anspruch auf die Gewährung des Arbeitsentgelts eines vergleichbaren Arbeitnehmers im Betrieb des Entleihers.

Aber § 8 Abs. 2 AÜG stellt sogleich fest, dass von diesem Grundsatz durch einen Tarifvertrag abgewichen werden kann. Das führt in der Praxis in einer Vielzahl von Fällen zu einer Lücke im Entgelt von LeihAN verglichen mit Festangestellten. Besonders stark bemerkbar machen sich die Unterschiede im Bereich von Helfertätigkeiten, die

[206] BAG, Urteil vom 17.01.2008 – 2 AZR 536/06.

[207] Siehe dazu die Anmerkungen zur sozialpolitischen Perspektive im Abschnitt zur Leiharbeit aus Sicht der Leiharbeitnehmer. Zur Entgeltlücke vgl. auch Brändle et al., 2022, S. 245ff (Abschnitt 3.7 Entlohnung und Equal Pay).

von weniger qualifizierten Arbeitnehmern ausgeführt werden. Dazu enthält der Evaluationsbericht zum AÜG aus dem Jahr 2022 eine Reihe statistischer Analysen.

Die Entgeltlücke in diesem Bereich war im Zuge der Einführung von Hartz-I beabsichtigt.[208] Forschungsergebnisse aus dem ifo Institut für Wirtschaftsforschung e.V. vor der Einführung des Gesetzes zeigen 2003 in einer hypothetischen Beispielrechnung einen Vergleich. Gezeigt wird die Rechnung pro Arbeitsstunde (basierend auf Ochel, 2003, Abb. 1 auf S. 23):

	NAV	LeihAN
Bruttogehalt des AN	10,00 €	6,50 €
Sozialversicherungsbeiträge der AG	2,10 €	1,34 €
Personalnebenkosten im Betrieb des Entleihers	2,90 €	-
Personalnebenkosten für Vermittlung, Coaching, Qualifizierung; Fixkosten beim Verleiher	-	1,63 €
Überschuss beim Verleiher	-	3,53 €
Personalkosten im Betrieb des Entleihers	14,00 €	13,00 €

Die Entgeltlücke führt bei der Beispielrechnung auf einen Wert von 35 %. Geht man von einer hälftigen Aufteilung der Sozialversicherungsbeiträge auf AG und AN aus, so betragen die interpersonell abgeleiteten Ansprüche des LeihAN etwa 64 % der Ansprüche des Festangestellten. Nun ist eventuell einzuwenden, dass die Beispielrechnung nicht repräsentativ ist und dass es zwischenzeitlich Änderungen des AÜG gegeben hat. Da aber im Evaluationsbericht 2022 zur Reform des AÜG weiterhin Nachholbedarf beim „Equal Pay" von LeihAN und Stammbelegschaft im Betrieb des Entleihers konstatiert worden ist[209], ist anzunehmen, dass die aus der Entgeltlücke resultierenden Probleme immer noch – zumindest im Niedriglohnbereich – existieren. Mit den genannten Angaben ergibt sich für den LeihAN ein monatlicher Bruttolohn von 1.131 € [210] und eine Entgeltlücke von 35 % gegenüber einem vergleichbaren AN beim Entleiher. Bei dem ohnehin niedrigen Lohn bleibt mit den Beispieldaten für den in der Leiharbeit beschäftigten AN kaum (ehrlicherweise müsste man sagen kein) Geld für eine private Altersvorsorge. Bei 45 Beitragsjahren unter gleichen Bedingungen würde sich zum gegenwärtigen Zeitpunkt für den LeihAN eine monatliche Bruttorente

[208] Vgl. Sachverständigenrat, 2002, S. 10 (Schaubild 4).

[209] Vgl. Brändle et al., 2022, S. 21.

[210] Bei einer 40-Stundenwoche und einem Wochenfaktor von 4,35 ergibt sich für die Beispieldaten ein monatlicher Bruttolohn von $40 * 4,35 * 6,50 = 1.131$ € für den Leiharbeitnehmer und von 1 740 € für den vergleichbaren Festangestellten.

von 760,20 € und für den vergleichbaren Arbeitnehmer beim Entleiher von 1.169,48 € ergeben.[211]

Für den sogenannten Eckrentner mit 45 Beitragsjahren mit Durchschnittsentgelt liegt die monatliche Bruttorente gegenwärtig bei 1.620,90 €. Diese wenigen Zahlen deuten schon das Problem an. Die zu erwartenden Zahlungen aus der gesetzlichen Rente reichen in vielen Fällen bei einem prekären Beschäftigungsverhältnis für einen LeihAN nicht aus. Auch noch ein anderer Aspekt fällt beim Vergleich der Personallosten für AN beim Entleiher und LeihAN auf. Die geringeren Kosten machen den Einsatz des LeihAN aus betriebswirtschaftlichen Gründen im vorliegenden Fall nicht für den Einsatz bei Auftragsspitzen, sondern auch für die Reduzierung von Personalkosten attraktiv. Wünschenswert wäre eine bessere Datenlagen zur Quantifizierung der Folgen einer Beschäftigung von LeihAN im Niedriglohnbereich. Die Folge für die (intrapersonellen) Sozialleistungen liegt auf der Hand. Ein Schritt in Richtung einer Verbesserung der Situation wäre sicher die Durchsetzung des Gleichstellungsgrundsatzes beim Arbeitsentgelt.

Das würde aber bedeuten die tarifvertraglichen Ausnahmeregelungen einzuschränken, was sich in der Vergangenheit als schwierig erwiesen hat. Welche Konsequenzen sich diesbezüglich aus dem Urteil des EuGH vom 15. Dezember 2020 in der Rs. C-311/21[212] bleibt abzuwarten. Ein Zwischenschritt wäre unter Umständen, wenigstens annähernde Gleichheit bei den Sozialabgaben von LeihAN und vergleichbaren AN im Betrieb des Entleihers herzustellen. Das Anliegen einer Petition an den Deutschen Bundestag im Jahr 2017 ging in diese Richtung. Die Petenten ersuchten, Sozialabgaben des AG auf den Betrag zu erheben, der vom Entleiher an den Verleiher gezahlt wird.[213] Das Petitionsverfahren wurde abgeschlossen. Dem Anliegen konnte nicht entsprochen werden. Mit Hinweis auf den Grundsatz der Gleichstellung und die tarifvertraglichen Ausnahmen im AÜG wurde das Anliegen abgelehnt. Es wurde auf die „verfassungsrechtlich garantierte Tarifautonomie“ verwiesen. Ein Zugriff auf den „unternehmerischen Gewinn des Verleihers“ mittels der Erhebung von Sozialabgaben sei nicht möglich. „Dieser Gewinn ist in der Grundordnung der sozialen Marktwirtschaft der Bundesrepublik Deutschland durchaus legitim, zumal

[211] Das Jahresbruttoeinkommen des betrachteten Leiharbeitnehmers beträgt 12 ∗ 1 131 = 13 572 €. Das Durchschnittsentgelt betrug 2003 gem. Anlage 1 zum SGV VI 28 938 €. Der Quotient $\frac{13\,572}{28\,938} = 0,4690$ liefert unter Berücksichtigung von § 121 SGB VI den Wert für die Entgeltpunkte. Für den vergleichbaren Arbeitnehmer beim Entleiher ergibt sich bei einen Jahresbruttoeinkommen von $12 * 1740 = 20880$ 0,7215 Entgeltpunkte. Mit dem aktuellen Rentenwert von 36,02 € (vgl. BGBl. I 2022, Nr. 22, S. 975 – Rentenanpassungsgesetz Art. 3 § 1 Abs. 1) ergibt sich bei gleichen Entgeltpunkten in 45 Beitragsjahren eine Bruttorente von 760,20 € beim Leiharbeitnehmer und von 1.169,48 € für den vergleichbaren Arbeitnehmer im Betrieb des Entleihers.

[212] Vgl. Anlage A4 S. 100.

[213] Vgl. Petition 73545 an den Petitionsausschuss des BT – Einreichedatum der Petition: 05.09.2017.

die Tätigkeit des Entleihers [?] durch die grundgesetzlich nach Artikel 12 Grundgesetz geschützte Berufsfreiheit gedeckt ist."[214] Das österreichische AÜG fordert in § 22a die Einrichtung eines Sozial- und Weiterbildungsfonds. In die Organe zur Verwaltung des Fonds werden fachlich geeignete Mitglieder der Arbeitgeber- und Arbeitnehmerseite entsandt. Der Fonds kann gem. § 22c Abs. 1 auch Leistungen an ehemalige AN von Verleihbetrieben, die arbeitslos sind, erbringen.[215] Es wäre sicher interessant zu prüfen, ob ein derartiger Fonds zum Ausgleich unbilliger Härten auch in Deutschland möglich wäre.

2.4 Resümee und offene Probleme

Durch ein Urteil des BVerfG im Jahr 1967 wurde das Monopol der damaligen Bundesanstalt für Arbeitsvermittlung und Arbeitslosenversicherung für die Vermittlung von Arbeitnehmern aufgehoben. Damit war der Weg für die Arbeitsvermittlung durch privatwirtschaftlich agierende Leiharbeitsfirmen eröffnet. Gewerkschaften lehnten diese Öffnung lange ab. Auch Bundesregierung und Bundesanstalt befürchteten einen Missbrauch. Von Arbeitgeberseite wurde die Entscheidung dagegen begrüßt. So argumentierte der DIHT seinerzeit, dass nur Aushilfskräfte überlassen werden würden und es keine Anhaltspunkte geben würde, dass es zur Ausbeutung der überlassenen Arbeitskräfte käme. Mit dem 1972 in Kraft getretenen AÜG wurde die Arbeitnehmerüberlassung gesetzlich geregelt. In den Folgejahren hat es wiederholt Änderungen des Gesetzes gegeben. Eine weitgehende Deregulierung erfolgte 2003 im Rahmen der Hartz-Reformen. Erklärtes Ziel war es, auf diesem Weg Arbeitslosigkeit, insb. im Niedriglohnbereich, durch die Schaffung günstigerer Bedingungen für Leiharbeit abzubauen. Nach Verabschiedung der Richtlinie 2008/104/EG, im nichtamtlichen Sprachgebrauch auch als Leiharbeitsrichtlinie bekannt, war der Gesetzgeber gezwungen, diese in nationales Recht umzusetzen. Es musste u. a. geregelt werden, dass Arbeitnehmerüberlassung nur vorübergehend erfolgt und dass eine Gleichstellung von Leiharbeitnehmern und der Stammbelegschaft im Betrieb des Entleihers, auch beim Arbeitsentgelt, gewährleistet wird. Die Umsetzung i. E. konnte, wie bei allen EU-Richtlinien, auf der nationalen Ebene unter Berücksichtigung der nationalen Besonderheiten erfolgen. In der Bundesrepublik erfolgte das 2017 durch eine Novellierung des AÜG mit einem Sowohl-als-auch-Ansatz. Die „Default-Variante" des Gesetzestextes geht im Wesentlichen auf die Anforderungen der EU-Richtlinie ein. Mit Bezug auf tarifvertragliche Regelungen im AÜG kann allerdings bei Anwendung der „Tarif-Variante" des AÜG von einigen Regelungen der „Default-Variante" abgewichen

[214] Vgl. BT Pet 4-18-11-8101-045770 Arbeitnehmerüberlassung, S. 3.

[215] Vgl. Mayhofer, K. & Kurzböck, W., Arbeitsrecht für die betriebliche Praxis 2022/23, 2022, S. 79.

werden. Aufgrund der Tarifautonomie entziehen sich tarifvertragliche Regelungen weitestgehend der richterlichen Kontrolle. Allerdings hat der EuGH in einem Urteil vom 15. Dezember 2022 festgestellt, „dass Tarifverträge, die [...] Ungleichbehandlungen in Bezug auf wesentliche Arbeits- und Beschäftigungsbedingungen zum Nachteil von Leiharbeitnehmern zulassen, einer wirksamen gerichtlichen Kontrolle unterliegen können müssen."[216] Ein offenes Problem ist, welche Folgen dieses Urteil im Weiteren für die deutsche Rechtsprechung hat. Im AÜG wurde gefordert, das 2017 verabschiedete Gesetz im Jahr 2020 zu evaluieren.

Im Ergebnis der Evaluation wurde 2022 ein Forschungsbericht vorgelegt, in dem festgestellt wird, dass „in den beiden Kernbereichen der Reform, den Neuregelungen zur Überlassungshöchstdauer und zum Equal Pay, [...] von vielen Seiten Nachbesserungsbedarf gesehen"[217] wird. So betrug 2020 der Median der monatlichen Bruttoarbeitsentgelte der vollzeitbeschäftigten Leiharbeitnehmer 1.954 €, ein Wert, der 44 % niedriger ist als der entsprechende Wert für alle Vollzeitbeschäftigten.[218] Insb. im Niedriglohnbereich und bei der Ausübung von Tätigkeiten, die nur eine geringe Qualifikation erfordern, sind die Auswirkungen erheblich. Mit Blick auf die Altersvorsorge heißt das, dass nur geringe Renten-Anwartschaften erworben werden können und in Folge der geringen Verdienste kaum Spielraum für private Altersvorsorge existiert.

Es ist zu erwarten, dass diese Situation im bestehenden System der Alterssicherung für die Betroffenen, wie auch für viele andere in prekären Arbeitsverhältnissen Beschäftigte, zur Vermeidung sozialer Spannungen zu erheblichen Aufwendungen der öffentlichen Hand führen kann. Ein offenes Problem ist, eine derartige Situation zu vermeiden und dafür entsprechende Lösungsansätze zu entwickeln. Das ist allerdings nicht nur ein pekuniäres Problem. Es hat auch etwas damit zu tun, die Würde von Menschen zu wahren, die ein Leben lang gearbeitet haben – ein Anliegen, dem die Väter und Mütter der sozialen Marktwirtschaft sich verpflichtet gefühlt hatten.

[216] EuGH, Urteil vom 15.12.2022 – Rs. C311/21, Rn. 79; s. a. Anlage A5 S. 103.
[217] Brändle et al., 2022, S. 21.
[218] Vgl. ebd., S. 248.

Kapitel 3

MÖGLICHE KONSEQUENZEN FÜR DAS SOZIALSYSTEM
Auswirkung von Leiharbeit am Beispiel Alterssicherung

Nach wie vor bildet die GRV in Deutschland den Kern der Alterssicherung. Die gesetzliche Rente ist eine Lohnersatzleistung und soll später den Ruhestand (mit)finanzieren. Die anderen Renten (betriebliche Altersvorsorge und private Altersvorsorge) sind Renteneinkommen. Die Höhe der Rente bei jedem Einzelnen ist davon abhängig, wie viele Versicherungsjahre zurückgelegt und wie viele Entgeltpunkte dafür erlangt wurden. Je mehr Versicherungsjahre (Beitragsjahre) vorliegen und je höher das Arbeitseinkommen ist, desto höher ist die Rente. Einfluss hat aber auch, ob und wie lange durchweg gearbeitet oder eine Entgeltersatzleistung (wie Arbeitslosengeld, Krankengeld etc.) bezogen wurde. Ob Festangestellter oder LeihAN, beide Beschäftigungsgruppen sind, was die Stellung im Arbeitsprozess betrifft, gleichgestellt, aber die Konsequenzen für ihre soziale Stellung in der Gesellschaft sind verschieden. Generell lässt sich sagen, je länger eine Person in einem atypischen Beschäftigungsverhältnis verweilt, desto höher ist ihr Prekaritätsrisiko[219], kurzfristig und im Alter. LeihAN verdienen

[219] Hierzu erklärt Keller 2018 (im Gabler Wirtschaftslexikon): „*Kurzfristige Risiken:* Beim Einkommen bestehen für alle Formen atypischer Beschäftigung erhöhte Prekaritätsrisiken, die bei Mini-Jobbern und Leiharbeitnehmern besonders ausgeprägt sind. Für Letztere ist die Wahrscheinlichkeit, nur einen Niedrig- bzw. Prekaritätslohn (auf Stundenlohnbasis) zu erhalten, aufgrund der Beschäftigungsform bei ansonsten gleichen Merkmalen (wie Qualifikation, Alter, Geschlecht) mehr als viermal (Frauen)

deutlich weniger Geld und das oft mehrere Jahre, wenn nicht sogar über das ganze Erwerbsleben hinweg. Leiharbeit nimmt unter den Erwerbsformen in Deutschland bei der Armutsgefährdung Platz sechs mit 8,5 % ein.[220] Verdienen Menschen durch andauernde Leiharbeit langfristig weniger Geld als Beschäftigte im NAV, hat das auch enorme Auswirkung auf die Rentenleistungen. Die eigenen erwirtschafteten Entgeltpunkte auf dem Rentenversicherungskonto können nur sehr schwer anwachsen. Damit erhöht sich bei LeihAN das Risiko der Altersarmut erheblich. Hinzukommt, dass Erwerbstätige mit geringerem Einkommen auch kaum andere Altersvorsorgemodelle (wie private Rentenversicherungen, Lebensversicherungen etc.) langfristig bedienen können. Je länger eine prekäre Beschäftigung dauert, desto schwieriger lässt sich diese wieder beheben. Gerade ausländische AN und AN mit geringerem Bildungsstand sind oft sehr viele Jahre in der Arbeitnehmerüberlassung beschäftigt. Für diese Personengruppen wird es sehr schwierig, im Alter genügend Geld zur Verfügung zu haben.

---

bzw. mehr als sechs mal (Männer) höher als bei Beschäftigten mit Normalarbeitsverhältnissen. Ein noch höheres Prekaritätsrisiko tragen Mini-Jobber, die ex definitione kein subsistenzsicherndes Lohneinkommen erreichen können. Für Teilzeitbeschäftigte ist das Risiko, lediglich einen Prekaritätslohn zu erhalten, jedoch nur unwesentlich größer als bei Normalbeschäftigten. Im Niedriglohnsektor, der gemäß international akzeptierter Definition Entgelte von weniger als zwei Drittel des nationalen Medianbruttolohns (aller Vollzeitbeschäftigten) pro Stunde oder pro Monat umfasst, befinden sich überwiegend atypisch Beschäftigte. Seine auch im internationalen Vergleich überproportionale Ausweitung seit den 2000er-Jahren auf mehr als 20 Prozent aller Arbeitsverhältnisse in Deutschland ist wesentlich auf die Expansion atypischer Beschäftigung zurückzuführen. Über 70 Prozent der Mini-Jobber verdienten bis zur Einführung des gesetzlichen Mindestlohns (Mindestlohn) weniger als 8,50 Euro pro Stunde, fast 40 Prozent der Midi-Jobber arbeiteten Vollzeit. *Mittelfristige Risiken:* Weitere Nachteile bei sämtlichen Formen atypischer Beschäftigung (mit Ausnahme der längeren bzw. unbefristeten Teilzeitarbeit) ergeben sich bei der Beschäftigungsstabilität. Hierbei leiden Leiharbeitnehmer besonders unter der geringen bzw. häufig unterbrochenen Beschäftigungsdauer. Für sie ist die Wahrscheinlichkeit, nach einem Jahr Beschäftigung den Arbeitsplatz zu verlieren, mehr als dreimal so hoch wie bei einem vergleichbaren Arbeitnehmer in einem Normalarbeitsverhältnis. Etwa die Hälfte aller Leiharbeitsverhältnisse dauert weniger als drei Monate. Neueinstellungen erfolgen häufig befristet, sodass v.a. jüngere Arbeitnehmer überproportional häufig betroffen sind. Wesentlich sind die Übergangsquoten in Normalarbeitsverhältnisse, die mit zunehmendem Qualifikationsniveau steigen. *Langfristige Risiken:* Die Integration in die sozialen Sicherungssysteme (v.a. in die gesetzliche Rentenversicherung) ist sowohl infolge der geringeren Beiträge als auch der häufigeren Unterbrechungen der Erwerbstätigkeit (u. a. durch Arbeitslosigkeit) deutlich eingeschränkt. Mittel- und langfristig steht das Risiko von Altersarmut (v.a. bei Mini- und Midi-Jobbern) wieder auf der sozialpolitischen Agenda. Die politisch durchgesetzten weiteren Absenkungen des Rentenniveaus verstärken die durch die Ausweitung atypischer Beschäftigung verursachten Prekaritätsprobleme. Bedroht sind v.a. Frauen, die mehreren Prekaritätsrisiken ausgesetzt sind: Sie arbeiten überwiegend in Niedriglohnbranchen des Dienstleistungssektors und außerdem in atypischen Beschäftigungsformen mit Benachteiligungen bei der beruflichen Weiterbildung."

[220] Vgl. Keller, B. & Seifert, H., Atypische Beschäftigungsverhältnisse und soziale Risiken 2011, S. 31–32.

3.1 Auswirkung im Bereich GRV

Nach wie vor bildet die GRV in Deutschland den Kern der Alterssicherung. Im Grunde kann ihr bis auf wenige Ausnahmen jeder beitreten. Diese Ausnahmen (Beamte, Richter, Berufssoldaten) sind in anderen gesetzlich verankerten Sicherungssystemen geschützt. In der gesetzlichen Rentenversicherung führen zwei Wege zur Versicherungspflicht. Zum einen begründet sich die VP nach §§ 1–3 SGB VI kraft Gesetzes und zum anderen gem. § 4 SBG VI auf Antrag.[221] Liegen die Tatbestände nach z. B. § 1 S. 1 Nr. 1 SGB VI (Personen, die gegen Arbeitsentgelt beschäftigt sind) vor, besteht VP kraft Gesetztes. § 4 Abs 1 bis 3 SGB VI erfasst diejenigen Personen, bei denen keine VP kraft Gesetzes vorliegt. Sie können aber auf freiwilligen Antrag in die GRV aufgenommen werden.[222] Erleidet der Versicherte einen Unfall, eine Krankheit, Invalidität oder im schlimmsten Fall den Tod, sind damit auch immer enorme finanzielle Kosten verbunden.

Die GRV bietet, wie auch die anderen Träger, in solchen Fällen einen sozialen Schutzschirm. Aus der GRV erhalten Versicherte nicht nur die Leistung für eine Rente wegen Alters. Das Leistungspaket umfasst außerdem Leistungen zur Prävention, zur medizinischen Reha, zur Teilhabe am Arbeitsleben, Renten wegen Erwerbsminderung, Renten wegen Todes u. v. m. Beansprucht ein Versicherter eine der vorweg aufgeführten Leistungen, errechnet sich der Anspruch aus dem vorherigen Verdienst. Die GRV macht keinen Unterschied zwischen NAV und atypischer Beschäftigung (LeihAN). Beide Beschäftigungsgruppen erfüllen zunächst den Tatbestand nach § 1 S. 1 Nr. 1 SGB VI. Als Berechnungsgrundlage wird der individuelle Bruttolohn des Versicherten zugrunde gelegt. Und je niedriger dieser Bruttolohn ist, desto niedriger sind alle damit zusammenhängenden sozialversicherungspflichtigen Abgaben (DRV, GKV, ALV, DGUV) und auch alle Leistungsansprüche aus der Sozialversicherung. Ist der Bruttolohn niedrig, sind demnach auch das Krankentagegeld, das Arbeitslosengeld, das Verletztengeld, die Rente, die Hinterbliebenenrente, die Erziehungsrente, die Halbwaisenrente, Waisenrente, Übergangsgeld usw. eines Versicherten niedrig.

Nicht jeder Lebenslauf verläuft glatt. Soll heißen, mit 16 aus der Schule, dann drei Jahre Ausbildung und das restliche Leben beim selben Arbeitgeber. Wenn es so läuft, ist eine Rentenhochrechnung nicht sonderlich schwer. Doch so lief es vielleicht früher. Heute sehen Lebensläufe vielfältiger aus, genauso vielfältig wie die Menschen im Land. Vielleicht eine Ausbildung oder direkt zum Studium, das Studium hat dann vielleicht länger gedauert, zwischendurch hat man noch ein Jahr frei gemacht. Der Berufsstart läuft nicht gleich so wie man es möchte. Zwischendurch einige Male arbeitslos, eine Scheidung oder ein Todesfall usw. Viele Lebensumstände

[221] Vgl. dazu Schindler, C. Versicherungspflicht Beschäftigter und sonstiger Versicherter 2018, S. 6.
[222] Ebd., S. 89.

beeinflussen den Versicherungsverlauf und damit auch die Einzahlungen in das Sozialversicherungssystem und den erworbenen Anspruch (Rente).

Schädlich ist aber vor allem ein dauerhaft niedriger Bruttolohn. Da der Bruttolohn die Ausgangsbasis für die Entgeltberechnung ist, wirkt sich ein niedriger Bruttolohn negativ auf die Rentenhöhe aus. Das deutsche Rentensystem wird mit Hilfe eines Umlageverfahrens finanziert. Je geringer die aktuellen Einnahmen sind, desto höher müssen die laufenden Ausgaben bezuschusst werden.

3.1.1 Rentenansprüche von Leiharbeitnehmern und Festangestellten

Wie in einigen anderen Ländern basiert auch das deutsche Rentensystem auf drei Säulen. Die drei Säulen sind die öffentlich-rechtlichen Pflichtsysteme (Gesetzliche Rentenversicherung, Beamtenversorgung, Alterssicherung der Landwirte, Berufsständische Versorgung), die betriebliche Altersvorsorge (Direktversicherung, Pensionskasse, Pensionsfonds, Unterstützungskasse, Direktzusage) und die private Altersvorsorge (Riester-Renten-Verträge, Basis-Renten-Verträge, private Rentenversicherungsverträge). Jeder einzelne Erwerbstätige sollte in alle drei Säulen investieren und ein für sich geeignetes Modell finden. Je weniger allerdings ein Erwerbstätiger verdient, desto weniger Vorsorge wird er betreiben können.

2011 war jeder fünfte Beschäftigte im Niedriglohnsektor beschäftigt. Dass Menschen in Deutschland so wenig verdienen und dadurch der Niedriglohnsektor aufblühte, geht auf die damalige »Hartz«- und »Agenda-2010«-Gesetzgebung der rot-grünen Regierungskoalition zurück. Heute sind derartige prekäre Arbeitsverhältnisse so stark am Arbeitsmarkt verwurzelt, dass dieser Mammutbaum nur noch gefällt werden könnte, um es in Zukunft besser zu machen und aus den fatalen Fehlern lernen. Bei einer Vielzahl von schwer arbeitenden Erwerbstätigen reicht daher der Lohn nicht zum Leben und er muss durch Leistungen der Grundsicherung für Arbeitsuchende aufgestockt werden. Zum Teil erfolgt dies bis zum Rentenalter. Niedriglohnphasen und auch längerfristige Arbeitslosigkeit führen daher zwangsläufig zur Altersarmut.[223]

In der Konsequenz führen die Regelungen zum Arbeitsentgelt insb. für weniger qualifizierte LeihAN im Durchschnitt zu einem niedrigeren Verdienst als bei allen AN derselben Gruppe von Beschäftigten. Der Median des monatlichen Brutto-Arbeitsentgelts von sozialversicherungspflichtig vollzeitbeschäftigten LeihAN ohne Berufsabschluss lag Ende 2017 bei 1.554 €. Bei allen AN betrug dieser Wert 2.569 €. Das entspricht einer unbereinigten Entgeltlücke (unbereinigter Pay Gap) von 40 %. Für Arbeitnehmer mit anerkanntem Berufsabschluss betrugen die Medianwerte 2.006 €

[223] Vgl. dazu Steffen, J., Niedriglohn und Rente 2011, S.1.

bzw. 3.133 €, was zu einer unbereinigten Entgeltlücke von 35 % geführt hat. Für LeihAN mit akademischem Abschluss betrug sie 26 %.[224]

Unter Berücksichtigung struktureller Unterschiede in der Beschäftigung ist in den Folgejahren auch eine bereinigte Entgeltlücke ermittelt worden. Sie erlaubt einen besseren Vergleich der Arbeitsentgelte bei vergleichbarer Tätigkeit.[225] Die bereinigte Entgelt-Lücke (bereinigter Pay Gap) betrug Ende 2021 für LeihAN ohne Berufsabschluss 23,1 %, mit beruflichem Abschluss 16,9 % und mit akademischem Abschluss 11,6 %.[226]

Verdient bspw. ein LeihAN ca. 1.954 €[227,228,229] brutto im Monat und das leider ein Leben lang, wird er ungefähr 900 € Brutto-Rente erhalten. Er konnte schon während seines gesamten Arbeitslebens kaum richtig leben, und in der Rente erst recht nicht, hier muss dann wahrscheinlich noch Grundsicherung beantragt werden oder die leistungsberechtigte Person hat einen Anspruch auf einen Grundrentenzuschlag, sofern die Tatbestandsmerkmale vorliegen.

3.1.2 Steueraufkommen für GRV

Der Staat müsste eigentlich ein großes Interesse an hohen Einnahmen haben. Sind aber die Sozialabgaben durch niedrige Löhne zu niedrig, kommt das Sozialsystem in große Schwierigkeiten. Diese Problematik kann man gegenwärtig auch erkennen, ganz besonders im Gesundheitssystem und in der Rentendebatte.

Das Sozialversicherungssystem wird aus Beiträgen, anderen Einnahmen und aus Steuermitteln finanziert. Verdienen demnach die Menschen weniger, wie es bei LeihAN und generell bei atypisch Beschäftigten der Fall ist, werden auch weniger Steuern generiert. Weniger Steuern bedeuten dann auch weniger finanzierte Mittel und ein damit sinkendes Sicherungsniveau und sinkende Zukunftsinvestitionen. Da die GRV gesamtwirtschaftliche Aufgaben übernimmt, erhält sie u. a. Zuschüsse,

---

[224] Vgl. dazu BA, 2019, S. 9.

[225] Ebd., S. 41.

[226] Vgl. dazu BA, 2021, Tabelle 6.2 (Teil 2), Zeile 14-16, Spalte 9.

[227] Das ist der Median, der Verteilung der Bruttoeinkommen von Leiharbeitnehmern im Jahr 2021 (vgl. BA Statistik 2021, S. 53).

[228] Siehe dazu Anlage A10 S. 111. Eigene erstellte Tabelle mit Vorgaben aus der BA Statistik 2021. Hier geht es um die Gegenüberstellung von Bruttoentgelten von Leiharbeitnehmern im Vergleich zu allen Beschäftigten und den aus den Bruttoentgelten der Leiharbeitnehmer abgeleiteten Entgeltpunkte für die gesetzliche Rente (Rentenanwartschaft) sowie einer möglichen Rente nach 45 Beitragsjahren bei einer unveränderten Einkommenssituation. Rot gekennzeichnet sind Rentenanwartschaften, die zu einer Rente unterhalb der Grundsicherung führen würden.

[229] Siehe Anlage A11 S. 112. In dieser eigen erstellten Tabelle (auf Basis der Daten aus Fn. 229) ist zusammengestellt, welche Merkmale von Leiharbeitern zu besonders niedrigen Rentenanwartschaft in 2021 geführt haben.

Beitragsleistungen und Erstattungen. Die Bundeszuschüsse betrugen 2020 rund 100 Milliarden Euro, die wiederum 30 % der Ausgaben decken.

Das BMF hat in seinem Monatsbericht im Januar 2022 eine vorläufige Betrachtung u. a. zur Finanzlage der GRV vorgenommen, in dem es heißt

„Trotz der Corona-Pandemie konnte die gesetzliche Rentenversicherung insgesamt auf eine positive Einnahmeentwicklung in den vergangenen Jahren zurückblicken. Da die Ausgaben im Jahr 2020 die Summe der Einnahmen übertrafen, verringerte sich die Nachhaltigkeitsrücklage der allgemeinen Rentenversicherung um 3,4 Mrd. Euro zum Jahresende 2020 auf rund 37,1 Mrd. Euro. Mit umgerechnet rund 1,6 Monatsausgaben bewegte sie sich auf einem weiterhin hohen Niveau. Für das Jahr 2021 geht die Bundesregierung in ihrem Rentenversicherungsbericht 2021 davon aus, dass die Beitragseinnahmen der allgemeinen Rentenversicherung bis zum September gegenüber dem entsprechenden Vorjahreszeitraum um rund 3,7 Prozent gestiegen sind. Für das Jahresende 2021 wird eine Nachhaltigkeitsrücklage von rund 37,2 Mrd. Euro geschätzt. Dies entspricht knapp 1,6 Monatsausgaben. Die Nachhaltigkeitsrücklage dient dazu, Defizite und Einnahmenschwankungen unterjährig auszugleichen, um kurzfristige Änderungen des Beitragssatzes zu vermeiden. Damit konnte der Beitragssatz von 18,6 Prozent in der allgemeinen Rentenversicherung für das Jahr 2021 fortgeschrieben werden. Insgesamt sind im Jahr 2021 rund 105,9 Mrd. Euro aus dem Bundeshaushalt als Leistungen an die Rentenversicherung geflossen“.[230]

„Bundesmittel an die GRV sind u. a.:

- *die Bundeszuschüsse an die allgemeine Rentenversicherung (allgemeiner und zusätzlicher Bundeszuschuss einschließlich Erhöhungsbetrag),*
- *der Bundeszuschuss (Defizitdeckung) an die Knappschaftliche Rentenversicherung,*
- *(pauschale) Beiträge für Kindererziehungszeiten und -leistungen sowie*
- *Erstattungen, die sich wesentlich aus dem Anspruchs- und Anwartschaftsüberführungsgesetz (AAÜG) ergeben, das die aus den Sonder- und Zusatzversorgungssystem der DDR abgeleiteten Rentenansprüche regelt.“*[231]

Es geht nicht nur darum, Beiträge anzuheben, dann haben nämlich auch Geringverdiener immer weniger in der Tasche oder müssen durch andere Maßnahmen wieder subventioniert werden. Gelingen kann das alles nur mit höheren Löhnen, fairer Bezahlung, einem Rückgang der atypischen Beschäftigungsmodelle und einheitlichen Steuersätzen für inländische und ausländische Unternehmen, auch in ganz Europa. Unternehmen sind nämlich wie Wasser, sie suchen sich den einfachsten Weg. Entweder überfluten sie das Gebiet und es gibt Hochwasser oder es herrscht Mangel und damit Dürre.

[230] BMF Monatsbericht 01.2022 (Vorläufiger Abschluss des Bundeshaushalts 2021), S. 39.
[231] BMAS, Gesetzliche Rentenversicherung v. 15.8.2022.

3.2 Betriebliche Altersvorsorge

Mit Blick auf eine drohende Altersarmut trat 2018 das Betriebsrentenstärkungsgesetz in Kraft. Die betriebliche Altersvorsorge wurde damit noch attraktiver gestaltet. Damit der Lebensstandard auch im Rentenalter aufrechterhalten werden kann, sind mittlerweile zusätzliche Absicherungen sinnvoll und notwendig. Es gibt fünf Möglichkeiten, eine bAV durchzuführen, wobei den Durchführungsweg der AG auswählt. Die Direktversicherung ist die einfachste und flexibelste Lösung für AG und AN. Bei einer Pensionskasse sieht es schon etwas anders aus. Diese Versorgungseinrichtung wird von einem oder mehreren Unternehmen gebildet. Die Beiträge zahlt generell der AG, wobei der AN auch einzahlen könnte. Der Pensionsfonds ist eine rechtlich selbständige Versorgungseinrichtung, die dem AN einen Rechtsanspruch auf die spätere Leistung einräumt. Bei der Direktzusage/Pensionszusage zahlt generell nur der AG ein. Hier werden während der Betriebszugehörigkeit Pensionsrückstellungen gebildet, die dann der Rentner aus dem Betriebsvermögen erhält (man spricht hier auch von einer Betriebsrente). Die Unterstützungskasse wird ebenfalls entweder von einem oder von mehreren Unternehmen gebildet. Der AG befüllt die Unterstützungskasse und legt das eingezahlte Geld möglichst gewinnbringend an, um es später den AN als Versorgungszusage auszuzahlen.[232]

Grundsätzlich haben alle AN, die in der GRV pflichtversichert sind, Anspruch auf eine bAV. War der AG in der Vergangenheit noch beteiligungsfrei, existierte seit dem 01.01.2019 eine gesetzliche Pflicht durch das BRSG, Ersparnisse bei Neuverträgen (Pensionsfonds oder Direktversicherung) an den AN weiterzugeben. 2022 wurde daraus nun eine allg. Pflicht. Jeder AG ist nun verpflichtet, bei einer Entgeltumwandlung per Direktversicherung oder Pensionskasse oder Pensionsfond die dabei eingesparten Sozialversicherungsbeiträge – bis maximal 15 % des umgewandelten Entgelts, höchstens aber bis zur Summe der eingesparten Sozialversicherungsbeiträge – als Zuschuss zu leisten. Ca. 60 % der gesetzlich Pflichtversicherten nutzen die betriebliche Altersvorsorge als Zusatzrentenbaustein. 40 % tun dies leider bis heute nicht. Nachteile bei der bAV bestehen darin, dass vom Bruttogehalt ein Teil entnommen wird, um es in einer anderen Rentenform anzusparen. Was per se nicht schlecht ist. Nur vergessen viele, dass in der Auszahlungsphase Steuern gezahlt werden müssen. Hier kommt also eine Steuerverschiebung zustande. An dieser Stelle lohnt sich die bAV nur, weil der AG ebenfalls einzahlt. Hinzu kommt außerdem noch die Doppelverbeitragung zur Krankenkasse allerdings nur, sofern man über den Freibetrag in der betrieblichen Altersversorgung kommt.

[232] Vgl. dazu Deutsche Rentenversicherung Bund, Betriebliche Altersvorsorge 2018, S. 9–14.

3.3 Private Altersvorsorge

Schon in der griechischen und römischen Antike (und höchstwahrscheinlich auch davor) haben sich die Menschen für die Zukunft abgesichert, sicherlich war aber die Art und Weise ein andere. Haben früher noch die Familien eng zusammengelebt und füreinander gesorgt, hat dies heute eine andere Form angenommen. Sorgen zu Beginn noch die Eltern für den Nachwuchs, muss der seine Zukunftssicherung im Erwachsenenalter selber gestalten und erbringen. Je früher, desto besser, meint hier so mancher. Private Altersvorsorge muss man sich aber auch leisten können. Von einem knappen Lehrgeld monatlich mind. 25 € zu sparen und in eine private Altersvorsorge zu stecken, gestaltet sich schwierig bei immer höheren Lebenshaltungskosten. Und wer studiert, hat diese Möglichkeit während des Studiums kaum. Viele Studenten müssen sogar noch arbeiten. So beginnt bei vielen jungen Menschen die private Altersvorsorge entweder erst im Arbeitsprozess oder im schlimmsten Fall überhaupt nicht. Bei Alleinerziehenden und Menschen in atypischen Beschäftigungsmodellen kommt es auf Grund des geringen Verdienstes sicherlich nur selten oder gar nicht zum Geldansparen in eine private Altersvorsorge. An dieser Stelle wäre es angebracht, Zahlen und Daten der verschiedenen Einkommensgruppen miteinander zu vergleichen. Es lassen sich natürlich nicht alle Personen in atypischen Beschäftigungsmodellen über einen Kamm scheren. So ist ein Alleinstehender ohne Kinder, der in einer günstigen Wohnung lebt, sicherlich in der Lage, von seinem geringen monatlichen Einkommen auch noch eine kleine Summe von wenigstens 25 € zu sparen. Während eine Familie mit zwei Kindern durch das geringe Einkommen im atypischen Beschäftigungsmodell wie etwa der Leiharbeit, große Schwierigkeiten hat, monatlich Geld für die private Altersvorsorge aufzubringen. Genauso schlecht sieht es bei Alleinerziehenden aus.[233]

Eine Pflicht zur privaten Altersvorsorge besteht nicht. Das Versicherungsverhältnis kommt nicht per Gesetz, sondern durch freiwilligen Vertragsabschluss zustande. Beim privaten Altersvorsorgevertrag wägt der Versicherer ab, welche Risiken abgedeckt werden sollen, auch ob die Versicherungssumme während der Laufzeit an die Einkommensentwicklung angepasst werden soll oder nicht. Bei der GRV hingegen muss jedes eventuell eintretende Versicherungsrisiko abgedeckt werden.[234]

[233] Vgl. dazu Statistisches Bundesamt (Destatis): „*Alleinerziehenden-Haushalte überdurchschnittlich oft in unteren Einkommensgruppen:* Zu den 40 % der Bevölkerung mit den geringsten Einkommen zählen überdurchschnittlich oft Personen aus Alleinerziehenden-Haushalten. Fast zwei Drittel (64,6 %) von ihnen verfügten 2021 über ein Nettoäquivalenzeinkommen von weniger als 22 000 Euro im Jahr, bei gut einem Drittel (33,2 %) betrug es weniger als 16 300 Euro. Ähnliches gilt für Personen in Haushalten mit zwei Erwachsenen und drei oder mehr Kindern: 57,7 % der Personen dieser Haushalte hatten ein Nettoeinkommen von weniger als 22 000 Euro im Jahr. Für Personen in Haushalten mit zwei Erwachsenen und zwei Kindern bzw. einem Kind traf das auf 36,0 % bzw. 29,7 % zu".

[234] Vgl. dazu Schindler, C., Versicherungspflicht Beschäftigter und sonstiger Versicherter 2018, S. 7.

Nichtsdestotrotz ist es wichtig, für die Zukunft vorzusorgen. Egal wie man es angeht, der Anfang zählt. Auch ist es sicherlich schwer, über viele Jahrzehnte hinweg durchzuhalten. Geringverdiener haben es da besonders schwer und ihre Möglichkeiten sind eingeschränkt. Eine Immobilie ist für sie oft nicht zu finanzieren. Hier sollte der Staat auch Geringverdiener im Auge haben. Jeder sollte die Möglichkeit erhalten, Wohneigentum zu bilden und so für das Alter vorzusorgen. Gegenwärtig können sich aber nur Gutverdiener Wohneigentum leisten.

3.3.1 Gesetzlich geförderte Altersvorsorge (Riester)

Bei der Riester-Rente bringt der Versicherte die Beiträge privat parallel zur gesetzlichen Rente auf, kann sich aber durch staatliche Zulagen und einen steuerlichen Sonderausgabenabzug diese Rente seit 2002 staatlich fördern lassen. Die Auszahlung der Riester-Rente beginnt oft gleichzeitig mit der gesetzlichen Regelaltersrente. Die Frage ist nur, ob es sich lohnt und ob sich der Versicherte die monatlichen Beitragszahlungen leisten kann. Wie bei allen Rentenarten gilt auch hier: Je höher der monatliche Riester-Renten-Beitrag ist, desto mehr kommt am Ende raus. Bei der Riester-Rente werden von Versicherungsunternehmen verschiedene Modelle wie den Riester-Fondssparplan, den Banksparplan, den Wohn-Riester oder auch den Riester-Bausparvertrag angeboten.[235] Es fallen für den Versicherten Abschluss- und Vertriebskosten an, die den Ertrag der Rente schmälern.

Riester-Verträge können bei Pflichtversicherung in der gesetzlichen Rentenversicherung abgeschlossen werden und sind auch erst dann förderfähig. 4 % des Jahresbruttoeinkommens oder mindestens 60 € kann so in die Riester-Rente abzüglich der Zulagen einzahlt werden. Für jemand, der wenig verdient, ist ein Sparbetrag von über 50 € monatlich viel Geld. Trotzdem war das Anliegen, auf diesem Weg gerade die Altersvorsorge von Geringverdienern und für Familien mit vielen Kindern zu unterstützen, da sie durch die Zulagen das Riester-Renten-Konto deutlich erhöhen können. Die steuerliche Berücksichtigung in der Ansparphase ist insbesondere für Besserverdienende interessant. In der Auszahlungsphase sind die Riester-Renten voll steuerpflichtig. Ob sich das Modell für Versicherte lohnt, hängt vom steuerpflichtigen Einkommen in der Anspar- und Auszahlungsphase, der Anzahl der zu berücksichtigenden Kinder und davon ab, ob man sehr alt wird. Eingeführt wurde die Riester-Rente 2002 mit dem Altersvermögensgesetz. Kommt es im Rentenalter zur Auszahlphase, werden auf den ausgezahlten Betrag Steuern fällig, die dann mit dem aktuellen Steuersatz versteuert werden. Im Grunde kommt es zu einem monetären Transfer.[236] Heute gilt das Konzept praktisch als gescheitert und es scheint so, als wäre die Idee

[235] Vgl. dazu Deutsche Rentenversicherung Bund, Betriebliche Altersvorsorge 2018, S. 20–25.
[236] Vgl. dazu Leifels, A., Immobilien als Altersvorsorge 2014, S. 287.

des „Riesterns“ beim Rotwein entstanden. Die Geringverdienenden können meist das Geld für die Beiträge nicht aufbringen. Die Besserverdienenden brauchen die Förderung eigentlich nicht und für die dazwischen liegenden Einkommensgruppen ist schwer zu kalkulieren, ob sich ein Vertrag für sie lohnt, nicht zuletzt wegen der oft nicht unerheblichen Abschlusskosten.

3.3.2 Private Rentenversicherungen

Eine privat finanzierte Altersvorsorge kann viele Gesichter haben. So gehören auch Wohneigentum (als Eigenheimrente) oder ein wertvoller Kunstgegenstand, aber auch physisches Gold oder Wertpapiere dazu. Den richtigen Vorsorgeweg muss am Ende jeder selber finden, auch abschätzen, wie lukrativ die Vorsorge ist, ob sie seinen wirtschaftlichen Möglichkeiten entspricht und auch, ob das gewählte Modell die Erwartungen erfüllen kann. Sicher ist aber in jedem Fall, die finanziellen Mittel, die benötigt werden, müssen vorhanden sein. Die beste Vorsorge bringt nichts, wenn man sich die Aufwendungen dafür am Ende nicht leisten kann. Entscheidet sich eine Person für einen privaten Rentenversicherungsanbieter, wird i. d. R. ein individuell zugeschnittener privatrechtlicher Vertrag mit einem Versicherer abgeschlossen. Dabei zahlt die private Rentenversicherung eine lebenslang garantierte Rente aus. Leistungen wie Hinterbliebenenrente, Berufsunfähigkeitsrente oder auch Pflegerente müssen zusätzlich gekauft bzw. hinzugebucht werden. Das Kapital für die Rente wird entweder monatlich über viele Jahre angespart oder mit einer Einmalzahlung getätigt. Das Rentenkapital setzt sich schließlich aus den eingezahlten Beiträgen, einem garantierten Zinssatz und ggf. den erwirtschafteten Überschüssen des Unternehmens zusammen. Das angesparte Kapital kann dann entweder als Einmalbetrag oder als monatliche Rente ausgezahlt werden. Die Beitragszahlungen können bis zu einem Höchstbetrag als Altersvorsorgeaufwendungen abgesetzt werden. In der Auszahlungsphase ist der Ertragsanteil der privaten Rente steuerpflichtig, der auch davon abhängt in welchem Alter die Rentenzahlung beginnt. Dieser Zeitpunkt kann unabhängig von der Regelaltersgrenze der gesetzlichen Rente mit dem Versicherer vereinbart werden. Wer eine kleine zusätzliche Altersrente aufbauen möchte, kommt wohl in Zukunft an der Börse nicht vorbei. Eine kleine Alternative sind möglicherweise ETF-Sparpläne, die bei der eigenen Hausbank oder einer anderen Bank oder auch in Eigenverwaltung abgeschlossen werden und monatlich, quartalsweise oder jährlich bespart werden können.[237]

Für die private Altersvorsorge hat der LeihAN mit Niedriglohn üblicherweise kein Geld übrig. Letztlich müsste er von seinem wenigen Nettogehalt einen Teil in eine private Rentenversicherung stecken. Bei steigenden Lebenshaltungskosten wird dies

[237] Vgl. dazu BaFin, Exchange Traded Funds (ETF) auf einen Blick 2021.

schlichtweg nicht passieren. Die nächste Frage ist, ob sich Niedrigverdiener vorstellen können, einen Teil ihres Geldes in Wertpapiere zu investieren. Monatlich 25 € in einem ETF-Sparplan anzulegen wäre sicherlich nicht das große Geld. Durch den zu erwartenden Wertzuwachs kann es sich in diesem Fall tatsächlich lohnen. Bei einem Ansparbetrag von monatlich 25 € (und einer Laufzeit von 30 Jahren) bekäme man fast 20.000 € raus. Die Einzahlung würde nur 9.000 € betragen, der Wertzuwachs würde das eingesetzte Kapital mehr als verdoppeln. Wer mehr einzahlen kann, würde entsprechend auch mehr erlösen. Allerdings darf nicht unterschlagen werden, dass es auch bei ETFs, wie bei allen Aktien, keine garantierte Auszahlungssummen gibt.

3.4 Resümee und offene Probleme

Arbeitnehmer in atypischen Beschäftigungsmodellen mit niedrigen Arbeitsentgelten, wie es LeihAN eben i.d.R. sind, können sich im Grunde nur bedingt eine (oder auch keine) zusätzliche Altersvorsorge zur gesetzlichen Rente leisten, weil sie schlichtweg das Geld nicht haben, da von ihrem Netto-Arbeitsentgelt nicht viel übrigbleibt. Wohl aber ist nicht auszuschließen, dass die Altersvorsorge derjenigen, die es sich nicht leisten können, zu ihren Lasten geht.

Für viele ist es nämlich sinnvoll, eine zusätzliche Sparmöglichkeit zu erschließen und diese über das gesamte Erwerbsleben auch konsequent durchzuhalten, um im Alter oder bei vorgezogenem Leistungsbezug zusätzliche Einnahmequellen zu bedienen. Hilfreich ist da auch sicherlich, dass bei einer gesetzlichen oder privaten Altersvorsorge gem. 3 851c ZPO Versicherte vor Pfändungen geschützt sind und das auch bei Insolvenz.

Ob die neue Aktienrente dem Versicherten im Alter Wohlstand bringt, ist noch offen. Hier müssen die globalen Prozesse betrachtet werden, die dazu beitragen, dass in Deutschland eine Aktienrente dem Versicherten im Alter zusätzlich Geld in die Taschen spielt. Dabei sind zwei Aspekte zu berücksichtigen. Zum einen wird mit Wertpapieren rund um den Globus gerne spekuliert. Es spekulieren nicht immer nur Profis. Ganz im Gegenteil. Da immer mehr Menschen suggeriert wird, schnell und einfach mit Aktien zu Geld zu kommen, spielen auch immer häufiger Akteure mit, die sich wenig oder nicht auskennen. Auch ein Aktienfonds für die Aktienrente ist vom Roulette an den Finanzmärkten mehr oder weniger betroffen. Zum anderen muss jedem klar sein, dass steigende Dividenden auch über sinkende Arbeitslöhne realisiert werden. Das führt dann in der Konsequenz dann dazu, dass Geringverdiener über die Aktienrente Reiche subventionieren, indem ein Teil ihrer Rentenbeitragszahlungen in Wertpapieren angelegt wird, gleichzeitig aber die Löhne sinken oder die Produktion ganz in „anscheinende Billiglohnländer"[238] verschoben wird, damit Firmeninhaber und Aktionäre die versprochene Mehrdividende erhalten. Das alles löst ein riesiges Spannungsfeld aus und kann sicherlich nicht die Lösung sein.

Bei allen gesetzlichen und privaten Zusatzrentenverträgen fallen i. d. R. Abschluss-, Vertrags- und Verwaltungskosten an, und das bei jedem Vertrag. In welcher Form und wie diese aussehen, lässt sich hier nicht abbilden. Sparern muss deshalb klar sein, dass sie ihr Geld in andere Hände geben, die dieses verwalten und vermehren und diese Arbeit muss bezahlt werden. Wer das nicht will, muss sein Geld wohl oder übel in einen Schuhkarton legen und dort ansparen. Dann fallen zumindest bei der Auszahlung auch keine Steuern und Sozialabgaben an. Hinzu kommt, dass alle gesetzlich geregelten private Renten- und sonstige Privatversicherungen oft nicht einfach gekündigt oder ruhendgestellt werden können. Wer also in eine schwierige und unerwartete Lebensphase gelangt, kann dann oft nicht flexibel agieren. Hier hilft wiederum nur der Schuhkarton. Bei allem Hin oder Her, wirklich helfen, kann nur ein gutes Lohnniveau und die Abkehr von atypischen Beschäftigungsmodellen. Das entlastet den Staat, die anderen Steuerzahler und macht das Land langfristig konkurrenzfähig. Nicht vergessen darf man bei allen Altersrenten, wie in Zukunft mit der nachgelagerten Besteuerung umgegangen wird. Vor der Rentenreform Anfang der 2000er Jahre wurden Beiträge in die gesetzliche Rentenversicherung aus versteuertem Einkommen gezahlt. In der Folge war die später ausgezahlte Rente größtenteils steuerfrei. Von diesem Prinzip der vorgelagerten Versteuerung wurde mit der Rentenreform zur nachgelagerten Besteuerung übergegangen. Rentenbeiträge mindern in der Erwerbsphase das zu versteuernde Einkommen zu einem immer größer werdenden Teil. In der Auszahlungsphase wird dagegen ein immer größer werdender Teil in Abhängigkeit vom Renteneintrittsdatum steuerpflichtig. Das Modell führt in der Folge zu einem höheren Nettoeinkommen in der Erwerbsphase und zu einer geringeren Nettorente im Altersruhestand, als dies vor der Rentenreform der Fall war. Dieses Modell macht es schwierig, die Nettorendite der Rente zu bestimmen. Auch war bisher nicht auszuschließen, dass es durch die Zusammensetzung der Rentenbeiträge aus versteuerten und steuerfreien Anteilen in der Einzahlungsphase zu einer Doppelbesteuerung in der Auszahlungsphase bei einem Rentenbeginn nach 2040

[238] Dorsch et al, 2015, S. 5: „Dass die Armen immer ärmer und die Reichen immer reicher werden, hat mit der Ausdehnung der kapitalistischen Lebens- und Wirtschaftsweise über den gesamten Globus zu tun. Der Handel wurde in den vergangenen Jahrzehnten in vielen Bereichen liberalisiert, also immer mehr von Handelshemmnissen wie Zöllen oder Qualitätsvorschriften befreit. Gleichzeitig wurden Dienstleistungen und die Produktion von Waren zunehmend internationalisiert. Zahlreiche Unternehmen mit Stammsitz in einem industriell entwickelten Land haben ihre Arbeitsplätze in Billiglohnländer des Südens verlagert. Fabriken und Produktionsstätten wurden vor allem dort errichtet, wo die Unternehmen von Steuern befreit und die Hürden durch Arbeits- und Umweltschutz gering sind, mit anderen Worten: wo Menschen stärker ausgebeutet und größere Profite erzielt werden können".

kommen könnte. Dieser Sachverhalt ist 2021 auch vom BFH beanstandet worden.[239] Bis November 2022 ist aber offenbar noch keine Gesetzesinitiative auf den Weg gebracht worden, die Abhilfe schafft.[240]

[239] Vgl. BT-Drs. 20/2221, S. 2.
[240] Vgl. BT-Drs. 20/4728, S. 142f.

Kapitel 4

ZUSAMMENFASSUNG Abschließende Betrachtung – Vergleich, Fazit, Ausblick

Arbeitnehmerüberlassung wurde in den 1960er Jahren von der Bundesregierung und der damaligen Bundesanstalt für Arbeit noch als illegale Arbeitsvermittlung betrachtet. Durch ein Urteil des BVerfG im Jahr 1967 wurde der Weg für die Arbeitnehmerüberlassung geebnet. 1972 wurden dann die Beziehungen gesetzlich geregelt, unter denen ein Betrieb einem anderen Betrieb einen Arbeitnehmer zeitweise überlassen kann. Für den ersten Betrieb wird der Begriff Verleiher und für den zweiten der Begriff Entleiher verwendet. Der überlassene AN wird schon in der ersten Fassung des AÜG als LeihAN bezeichnet. Da dessen Arbeitskraft aber nicht kostenlos verliehen, sondern gegen Zahlung einer Gebühr dem Entleiher überlassen wird, wird sie eigentlich vermietet. Das Arbeitnehmerüberlassungsrecht ist damit so etwas wie das Mietrecht auf dem Arbeitsmarkt. Eine Gemeinsamkeit verbindet Entleiher und Vermieter auf dem Arbeits- bzw. Mietmarkt. Für die Kündigung von AN bzw. Mietern gibt es hohe Hürden. Arbeitnehmerüberlassung wird als eine Möglichkeit angesehen, diese Hürden herabzusetzen, Menschen den Einstieg in den Arbeitsmarkt zu erleichtern und so Arbeitslosigkeit zu reduzieren. Der Entleiher muss sich an den gemieteten AN nicht auf Dauer binden und hat so die Möglichkeit, seinen Personalbestand flexibel an die Auftragslage anzupassen. Man könnte also meinen, es handelt sich um eine „Win-Win-Situation“. Für den Leiharbeitnehmer sieht es aber unter Umständen etwas anders aus. Er hat zwar mit einer Beschäftigung – bildlich gesprochen – ein Dach über dem Kopf, aber bei immer wieder wechselnden

Einsatzorten wird er schnell zum Mietnomaden auf dem Arbeitsmarkt. Agiert werden kann bei der Arbeitnehmerüberlassung ähnlich wie beim Autoverleih. Der Arbeitnehmer-Verleiher kann seinen LeihAN immer wieder anderen Entleihern vermieten. Auf tarifvertraglicher Grundlage sind auch Langzeitmieten möglich. Das sind fern juristischer Argumentation die Assoziationen, die sich bei dem seltsamen Begriff „Leiharbeitnehmer“ aufdrängen. Bei dem Begriff kann man sich auch fragen, was damit eigentlich ausgedrückt werden soll. Heißt es, dass der Entleiher sich auf diesem Weg die ihm genommene Arbeit wieder leiht? Wahrscheinlich nicht ohne Grund verwendet das österreichische Arbeitnehmerüberlassungsgesetz diesen Begriff nicht.

Miete ist zwangsläufig nicht etwas Schlechtes. Und Arbeitnehmerüberlassung muss es per se auch nicht sein. Ein Maßstab für die Bewertung in beiden Fällen ist, ob mit der Mietsache schonend und pfleglich umgegangen wird. Das ist insbesondere zu fordern, wenn wie im Fall der Arbeitnehmerüberlassung die „Mietsache“ Menschen sind. Einige Probleme in diesem Zusammenhang sind im Buch behandelt worden.

4.1 Antwort auf einige der Ausgangsfragen

Nicht auf alle zu Beginn aufgeworfenen Fragen konnte eine Antwort gefunden werden. Beginnen wir mit der ersten: Wie äußert sich eventuell die Benachteiligung von LeihAN verglichen mit den normal Beschäftigten? Zwar ist ein LeihAN in die Arbeitsorganisation im Betrieb des Entleihers einzubinden und unterliegt dessen Weisungen[241], auch gilt der Grundsatz der Gleichbehandlung von LeihAN und vergleichbaren AN im Betrieb des Entleihers[242] und es dürfen mit LeihAN nicht atypische Verträge abgeschlossen werden[243], trotzdem gibt es auch nach der Novellierung des AÜG im Jahr 2017 einen Nachbesserungsbedarf bei Unterschieden in den Arbeitsentgelten von LeihAN und vergleichbaren Beschäftigten im Betrieb des Entleihers, wie 2022 im Evaluationsbericht zum AÜG festgestellt werden musste.[244]

Belastungen, die ggf. mit fehlender Einbindung in das soziale Umfeld beim Entleiher durch Wechsel der Einsatzbetriebe verbunden sind, sind hier nicht untersucht worden. Die Unterschiede bei den Entgelten lassen sich u. a. aufgrund der Statistiken der Bundesagentur für Arbeit quantifizieren. 2021 betrug der Median[245] der monatlichen Arbeitsentgelte aller LeihAN 2.083 €, der entsprechende Werte für alle Vollzeitbe-

[241] Vgl. § 1 Abs. 1 Satz 2 AÜG.

[242] Vgl. Art. 5 Richtlinie 2008/104/EG.

[243] Vgl. z. B. Erwägungsgrund (2) der Richtlinie 2019/1152/EG.

[244] Vgl. Brändle et al., 2022, S. 21.

[245] Die Hälfte der Betroffenen hat ein Arbeitsentgelt kleiner als der Median, die andere Hälfte ein darüber liegendes Entgelt.

schäftigten lag bei 3.516 €. Berücksichtigt man den beruflichen Abschluss, liegen diese Werte für AN ohne beruflichen Abschluss bei 1.743 € bzw. 2.567 €, für AN mit Berufsabschluss bei 2.296 € und 3.386 € und für AN mit akademischem Abschluss bei 4.046 bzw. 5.359 €.[246] 2021 betrug das Durchschnittsentgelt gem. Anlage 1 SGB VI 40.463 €. Dem entspricht ein monatliches Arbeitsentgelt von 3.372 €.[247] Vergleicht man die monatlichen Arbeitsentgelte, nähern sich die der LeihAN mit längerer Einsatzzeit denen der Stammbelegschaft an.

Ist aus diesen Daten nun zu schließen, dass eine Benachteiligung immer gegeben ist? Nicht unbedingt. Es ist durchaus teilweise zu beobachten, dass LeihAN auch bei einem Angebot nicht in den Betrieb des Entleihers wechseln, wenn sie sich bei ihrem Verleiher sicherer als in der Firma des Entleihers fühlen. Und es wird auch berichtet, dass AN aus einer Festanstellung in die Leiharbeit mit dem Versprechen besserer Konditionen dort abgeworben werden. Das ist eine persönliche Beobachtung insbesondere im Bereich des Gesundheitswesens. Ein statistischer Beleg, der die letzte Aussage stützt, ist der Umstand, dass 2021 der Median der monatlichen Arbeitsentgelte von LeihAN in Gesundheitsberufen mit 3.678 € über dem aller Vollzeitbeschäftigten in dieser Gruppe mit 3.362 € lag.[248]

Welche Konsequenzen haben die Unterschiede – für den Leiharbeitnehmer, aber auch für das Sozialsystem? Geringe Arbeitsentgelte haben auch geringe Ansprüche in den Sozialversicherungssystemen zur Folge. Das betrifft Ansprüche auf Krankengeld, Arbeitslosengeld und insbesondere auf Leistungen der GRV. So sind, um im Alter wenigstens eine Nettorente in Höhe des für die Grundsicherung ausgewiesenen Bruttobedarfs zu erhalten, mindestens 30,6614 Entgeltpunkte erforderlich.[249] Bei 45 Beitragsjahren ist dieser Wert erreicht, wenn in jedem Beitragsjahr mindestens 0,6814 Entgeltpunkte erworben worden sind. Entgeltpunkte werden aus dem Verhältnis von individuellem Bruttoverdienst und durchschnittlichem Bruttoverdienst in einem Jahr ermittelt.[250] Um eine Vorstellung vom Umfang der Probleme in der Alterssicherung von LeihAN zu bekommen, sind die Entgeltpunkte an den Grenzen der Quintile der Tabelle in Anlage 10 bestimmt worden. In der Tabelle in Anlage 11 wird ausgewiesen, welche Merkmale von LeihAN 2021 in mehr als 60 % der Fälle zu weniger als 0,6814 Entgeltpunkten geführt haben. Das ist zwar nur der Blick auf ein Jahr. Abgeleitet aus dieser Momentaufnahme werden aber auch in den Folgejahren LeihAN ohne beruflichen Abschluss und solchen, die als Helfer tätig sind, vermutlich nur geringe

[246] Vgl. Anlage 10 S. 111 (Zeile mit Angabe Insgesamt).
[247] Vgl. Anlage 10 (Zeilen mit Angaben zum Berufsabschluss).
[248] Vgl. Anlage 10 (Zeile zu Tätigkeitsmerkmal S22 Medizinische und nicht-medizinische Gesundheitsberufe).
[249] Vgl. BT-Drs. 20/602, S. 58 (Antwort der Parlamentarischen Staatssekretärin Kerstin Griese).
[250] Knickrehm/Kreikebohm/Waltermann in KKW SGB VI § 70.

Rentenanwartschaften erwerben können.[251] Besonders betroffen sind auch Frauen und Ausländer unter den LeihAN sowie viele LeihAN in Verkehrs- und Logistikberufen sowie in Fertigungsberufen. Das 60 %-Kriterium erfüllen auch LeihAN in Land-, Forst- und Gartenbauberufen, in Lebensmittel- und Gastgewerbeberufen und in Reinigungsberufen. Aber auch mehr als der Hälfte aller regulär Vollzeitbeschäftigten geht es nicht besser. Für das Sozialsystem zeichnen sich bei Weiterführung dieser Arbeitsmarktpolitik Probleme im Bereich der genannten Gruppen ab. Zuschüsse aus anderen Quellen für die Altersversorgung werden wohl kaum zu vermeiden sein. Wünschenswert wäre es, Daten, die die Auswirkung einer Niedriglohnpolitik auf die Alterssicherung beschreiben, besser zu erfassen.

Die Frage, welche Regelungen diese Entwicklung begünstigen, ist nicht ganz eindeutig zu beantworten. Fest steht, dass die AÜG-Novellierung 2017 viele der in sie gesetzten Erwartungen nicht erfüllt hat, in Teilen aber durchaus als sinnvoll angesehen wird.[252] Problematisch ist u. a. die Regelung zur Überlassungshöchstdauer, die, nach dreimonatiger Sperrfrist bei einem Entleiher, einen Wiedereinsatz bei diesem Entleiher wie einen Neueinsatz behandelt und wohl in der Vergangenheit zu zahlreichen „trickreichen“ Umgehungslösungen geführt hat.[253] Auswirkungen hat das u. a. auf Tätigkeiten mit niedrigen Anlernzeiten, die beendet werden, bevor tarifvertraglich höhere Branchenzuschläge zu zahlen sind. Die komplexe Rechtslage führt zu einem höheren Aufwand bei den Verleihfirmen und, wie zahlreiche Vorabentscheidungsersuchen an den EuGH vermuten lassen, auch bei den Gerichten. Eine ausführlichere Antwort auf diese eingangs aufgeworfene Frage gibt der schon zitierte Evaluationsbericht zum novellierten AÜG vom Dezember 2022.

4.2 Einige Vorschläge für Lösungen

Die Auswirkungen der Arbeitnehmerüberlassung auf das Sozialsystem sind in bisherigen Arbeiten – wenn überhaupt – nur am Rande behandelt worden. Im Vordergrund stehen vielfach die Gründe für die Entgeltlücke zwischen LeihAN und vergleichbaren AN beim Entleiher. Dem Aspekt der Auswirkungen der Leiharbeit auf die Alterssicherung mehr Aufmerksamkeit zu schenken, wäre wünschenswert. Um für das Problem stärker zu sensibilisieren, könnte ein erster Schritt sein, in der Arbeitnehmerüberlassung erworbenen Entgeltpunkte gesondert zu erfassen und in der

[251] Da unter Umständen als Helfer auch LeihAN mit einer höheren Qualifikation ausgewiesen werden, fallen in die Gruppe der stärker Betroffenen unter den Helfern vermutlich die mit einer geringeren Qualifikation.

[252] Vgl. Brändle et al. a. a. O., S. 21, S. 371–370 (Zusammenfassung, Schlussfazit und Gesamtbewertung).

[253] Ebd., S. 375.

Renteninformation auszuweisen. Damit wäre auch der Weg für eine individuelle Umbewertung dieser Entgeltpunkte zu einem späteren Zeitpunkt offengehalten, damit die Betroffenen im Alter nicht „Klimmzüge am Brotkasten“ machen müssen. Auch wäre die Frage, ob Verleiher und Entleiher, die von der Leiharbeit profitieren, in einen Fonds einzahlen sollten, aus dem Leistungen an ehemalige Leiharbeiter erbracht werden könnten. Ein ähnliches Modell bietet das österreichische AÜG im Abschnitt V Sozial- und Weiterbildungsfonds.

Bitte auf die Abkürzung StW verzichten und umformulieren: aber auch die stufenweise Wiedereingliederung durch die Träger, die für Leistungen zur medizinischen Rehabilitation zuständig sind. Das ist mit dem sogenannten Hamburger Modell möglich."

Langzeitarbeitslose bringt man nicht in den Arbeitsmarkt zurück, indem man sie gezielt über Zeitarbeit in die Unternehmen schickt. Wahrscheinlich war noch nie ein Politiker langzeitarbeitslos. Viele Jahre ohne Arbeit, ohne die täglichen Rituale, ohne soziale Kontakte zu Arbeitskollegen, ohne Urlaub, ohne Teamwork und Manpower etc. heißen im Klartext, der Organismus eines Menschen fährt komplett runter. Wie kann es denn sein, dass man glaubt, diese Menschen könnten sofort nach fünf Jahren Arbeitslosigkeit acht Stunden am Tag arbeiten plus Hin- und Rückfahrt. Jeder, der schon einmal lange krank war, weiß genau, dass es unmöglich ist, sofort wieder volle Leistung zu bringen. Zur Wiedereingliederung gibt es für solche Gruppen das BGM, aber auch die stufenweise Wiedereingliederung durch die Träger, die für Leistungen zur medizinischen Rehabilitation zuständig sind. Das ist mit dem sogenannten Hamburger Modell möglich. Doch was ist bitte mit Langzeitarbeitslosen? Hier muss die Regierung dringend über ein Arbeitsmarkteingliederungsmanagement[254] für Langzeitarbeitslose (AEMLA)[255] nachdenken und auch Unternehmen einen gewissen Anreiz setzen. Langzeitarbeitslose sind keine blöden oder faulen Menschen. Sie sollten behutsam und stundenweise über einen gesetzlich geregelten Zeitraum in den Arbeitsmarkt wiedereingegliedert und langfristig integriert werden.

Durch den EuGH ist eine Vorabentscheidung zum Anspruch auf gleiches Arbeitsentgelt bei abweichenden Regelungen in einem Tarifvertrag getroffen worden. Auch Tarifverträge sollen deshalb einer wirksamen gerichtlichen Kontrolle unterliegen können.[256] Offen ist, wie das in der Gerichtspraxis umgesetzt wird. Offen ist auch, in welcher Form es Berücksichtigung in einer Überarbeitung des AÜG finden wird. Geprüft werden soll entsprechend des Koalitionsvertrages der derzeitigen Regierungs-

[254] Der Begriff ist nicht offiziell, er ist selbst ausgedacht.
[255] Es handelt sich um ein selbst ausgedachtes Akronym.
[256] Vgl. Anlage 5 S. 103.

parteien „im Falle einer europäischen Rechtsprechung, ob und welche gesetzlichen Änderungen unter Berücksichtigung der Gesetzesevaluierung vorzunehmen sind."[257]

Begrüßenswert wäre es, wenn dabei Artikel 23 der Allgemeinen Erklärung der Menschenrechte vom 10. Dezember 1948 stärker berücksichtigt werden würde. Darin heißt es:

1. *Jeder Mensch hat das Recht auf Arbeit, auf freie Berufswahl, auf gerechte und befriedigende Arbeitsbedingungen sowie auf Schutz vor Arbeitslosigkeit.*
2. *Jeder Mensch, ohne Unterschied, hat das Recht auf gleichen Lohn für gleiche Arbeit.*
3. *Jeder Mensch, der arbeitet, hat das Recht auf gerechte und befriedigende Entlohnung, die ihm und der eigenen Familie eine der menschlichen Würde entsprechende Existenz sichert, gegebenenfalls ergänzt durch andere soziale Schutzmaßnahmen.*

4.3 Nachtrag

Mit Urteil vom 31. Mai 2023 hat das Bundesarbeitsgericht entschieden, dass beim Arbeitsentgelt von Leiharbeitnehmern ein richtlinienkonformes Abweichen vom Gleichheitsgrundsatz im Vergleich zu Beschäftigten der Stammbelegschaft möglich ist.[258] Damit wurde untermauert, dass bei aktuell geltender Rechtslage nach § 8 Abs. 2 AÜG vom „equal pay" weiterhin im Rahmen tarifvertraglicher Regelungen abgewichen werden kann. Das Urteil erfolgte im Ergebnis einer Vorabentscheidung des EuGH[259] auf eine Anfrage des BAG[260].

Auf eine Veröffentlichung des Volltextes der Entscheidung wurde zum Zeitpunkt der Erstellung dieses Textes noch gewartet. In der Pressemitteilung des BAG zum Urteil heißt es:

> „Von dem Grundsatz, dass Leiharbeitnehmer für die Dauer einer Überlassung Anspruch auf gleiches Arbeitsentgelt wie vergleichbare Stammarbeitnehmer des Entleihers haben (‚equal pay'), kann nach § 8 Abs. 2 AÜG ein Tarifvertrag ‚nach unten' abweichen mit der Folge, dass der Verleiher dem Leiharbeitnehmer nur die niedrigere tarifliche Vergütung zahlen muss. [...] Eine solche Schlechterstellung lässt [...] Art. 5 Abs. 3 Leiharbeits-RL [Richtlinie 2008/104/EG] ausdrücklich zu, sofern dies unter ‚Achtung des Gesamtschutzes der Leiharbeitnehmer' erfolgt. Dazu müssen nach der Vorgabe des EuGH Ausgleichsvorteile eine Neutralisierung der Ungleichbehandlung ermöglichen. Ein möglicher

[257] Vgl. Koalitionsvertrag, 2021, S. 56.
[258] BAG, Urteil v. 31.05.2023 – 5 AZR 143/19.
[259] EuGH, Urteil v. 15.12.2022 – C-311/21.
[260] BAG, Beschluss v. 16.12.2020 – 5 AZR 143/19 (A).

> Ausgleichsvorteil kann nach der Rechtsprechung des EuGH sowohl bei unbefristeten als auch befristeten Leiharbeitsverhältnissen die Fortzahlung des Entgelts auch in verleihfreien Zeiten sein. Anders als in einigen anderen europäischen Ländern sind verleihfreie Zeiten nach deutschem Recht auch bei befristeten Leiharbeitsverhältnissen stets möglich, etwa wenn [...] der Leiharbeitnehmer nicht ausschließlich für einen bestimmten Einsatz eingestellt wird oder der Entleiher sich vertraglich ein Mitspracherecht bei der Auswahl der Leiharbeitnehmer vorbehält. [...] Außerdem hat der deutsche Gesetzgeber mit § 11 Abs. 4 Satz 2 AÜG für den Bereich der Leiharbeit zwingend sichergestellt, dass Verleiher das Wirtschafts- und Betriebsrisiko für verleihfreie Zeiten uneingeschränkt tragen [...]“[261]

Damit bleibt alles beim Alten. Leiharbeitnehmer können auf Grundlage eines Tarifvertrages weniger (ein „nach unten“ abweichendes) Arbeitsentgelt bekommen als Beschäftigte der Stammbelegschaft. Ein Ausgleich erfolgt ggf. für verleihfreie, also im Prinzip beschäftigungslose Zeiten durch Fortzahlung der Bezüge durch den Verleiher. Der Verleiher trägt das Risiko für diese Zeiten. Für den Leiharbeitnehmer wirkt ein möglicherweise geringeres Arbeitsentgelt wie eine Prämienzahlung für eine Art Arbeitslosenversicherung in verleihfreien Zeiten. Leiharbeitnehmer sind also doppelt abgesichert, denn zur gesetzlichen Arbeitslosenversicherung leisten sie ja ohnehin schon Beiträge. Andererseits bleibt zu fragen, ob es unter bestimmten Umständen ein angemessener Ausgleich ist, wenn der Mindestlohn für Leiharbeitnehmer etwas höher als der allgemeine Mindestlohn ist. Das Mindeststundenentgelt für Leiharbeitnehmer beträgt ab 1. April 2023 bis Ende des Jahres 2023 gem. § 2 Abs. 2 Nr. 2 einer Verordnung des BAMS[262] 13 Euro. Der allgemeine Mindestlohn liegt gem. § 1 Abs. 2 Mindestlohngesetz (MiLoG) ab 1. Oktober 2022 dagegen nur bei 12 Euro je Zeitstunde.

Rechtlich scheint vorerst alles klar zu sein. Ob das auch aus Sicht politischer Entscheidungsträger weiterhin so gesehen wird, bleibt abzuwarten.

---

[261] BAG, Pressemitteilung 25/23 v. 31.05.2023.

[262] Fünfte Verordnung über eine Lohnuntergrenze in der Arbeitnehmerüberlassung (BAnz AT 23.12.2022 V2).

Anhang

Literaturverzeichnis

Bücher und Schriften (ohne Anhang)

Aly, G. (2015). Hitlers Volksstaat: Raub, Rassenkrieg und nationaler Sozialismus. Frankfurt am Main: Fischer Taschenbuch, 3. Aufl.

Brandl, S. & Hildebrandt, E. (2002). Zukunft der Arbeit und soziale Nachhaltigkeit. Soziologie und Ökologie Bd. 8. Opladen: Leske + Budrich

Brinkmann, U. & Dörre, K. & Röbenack, S. & Kraemer, K. & Speidel, F. (2006). *Prekäre Arbeit: Ursachen, Ausmaß, soziale Folgen und subjektive Verarbeitungsformen unsicherer Beschäftigungsverhältnisse.* Bonn: Friedrich-Ebert-Stiftung, Wirtschafts- und sozialpolitisches Forschungs- und Beratungszentrum, Abteilung Arbeit und Sozialpolitik

Deutsche Rentenversicherung Bund (2018). Betriebliche Altersvorsorge. Deutsche Rentenversicherung Bund, 12. Aufl. 1/2018

Dorda, R. (2021). Das Spannungsverhältnis zwischen dem EuGH und nationalen Verfassungsgerichten. In: *Zeitschrift für Europarecht, Int. Privatrecht & Rechtsvergleich – ZfRV,* Band 62 (2021) Nr. 1, S. 13–20

Dörre, K. & Holst, H. & Thieme, Chr. (2008). *Leiharbeit in Thüringen: eine Bestandsaufnahme.* (Working Papers: Economic Sociology Jena, 5/2008). Jena: Universität Jena, Fak. für Sozial- und Verhaltenswissenschaften, Institut für Soziologie Lehrstuhl für Arbeits-, Industrie- und Wirtschaftssoziologie. https://nbn-resolving.org/urn:nbn:de:0168-ssoar-299745

Engelberg, E. (1990). Bismarck [Bd. 2]: Das Reich in der Mitte Europas. Berlin: Siedler Verlag

Eucken, W. (1952). Grundsätze der Wirtschaftspolitik. Hamburg: Rowohlt Taschenbuchverlag, Juni 1971

Erfurter Kommentar zum Arbeitsrecht, Dietrich, T. & Hanau, P. & Schab, G. (Hrsg.), 23 Aufl., München 2023 (zitiert: ErfK-Bearbeiter)

Graewe, D. (2017). Wirtschaftsrecht: Lehrbuch für Master-Studiengänge, Hamburg 2017

Hoffmann, E.& Walwei (1998). Normalarbeitsverhältnis: ein Auslaufmodell? Überlegungen zu einem Erklärungsmodell für den Wandel der Beschäftigungsformen. In: *Mitteilungen aus der Arbeitsmarktforschung*, 31. Jg. (1998), Heft 3, S. 409–425

Koalitionsvertrag (2021). Mehr Fortschritt wagen: Bündnis für Freiheit, Gerechtigkeit und Nachhaltigkeit: Koalitionsvertrag zwischen der Sozialdemokratischen Partei Deutschlands (SPD), Bündnis 90 / Die Grünen und den Freien Demokraten (FDP). Berlin: Sozialdemokratische Partei (SPD), Bündnis 90/Die Grünen, Freie Demokratische Partei (FDP)

Kommentar zum Sozialrecht, 6. Aufl., München (2019). Hrsg.: Knickrehm, S. & Kreikebohm, R. & Waltermann, R. (zitiert: Bearbeiter/KKW)

Mackenroth, G. (1952). Die Reform der Sozialpolitik durch einen deutschen Sozialplan. In: Schriften des Vereins für Sozialpolitik 4 (1952), S. 39–76

Mackscheidt, K. & Maier-Rigaud, B. (2020). Die Grenzen der beitragsorientierten Sozialversicherung: Grundsatzüberlegungen zum Verhältnis von Beitrags- und Steuerfinanzierung. Köln: Finanzwirtschaftliches Forschungsinstitut der Universität Köln, FiFo Discussion Paper Nr. 20-1

Marschollek, G. (2019). Arbeitsrecht. Münster: Alpmann und Schmidt, 22., neu bearbeitete Auflage

Mayhofer, K. & Kurzböck, W. (2022). *Arbeitsrecht für die betriebliche Praxis 2022/23.* Wien: Weiss-Vlg.

Müller-Armack, A. (1946). Wirtschaftslenkung und Marktwirtschaft, In: Müller-Armack, A. Wirtschaftsordnung und Wirtschaftspolitik. Bern, Stuttgart: Paul Haupt, 1976, 2. Aufl., S. 19–199

Müller-Armack, A. (1956). Soziale Marktwirtschaft, In: Müller-Armack, Alfred. Wirtschaftsordnung und Wirtschaftspolitik. Bern, Stuttgart: Paul Haupt, 1976, 2. Aufl., S. 243–249

Müller-Jentsch, W. (2011). Gewerkschaften und Soziale Marktwirtschaft seit 1945. Stuttgart: Philipp Reclam jun

Ochel, W. (2003). Hartz and more: Zum Abbau der Arbeitslosigkeit durch Leiharbeit. In: *ifo Schnelldienst.* 56. Jg. (2003) 1, S. 21–32

Ersetzen Sie bitte durch Grüneberg, Christian: Bürgerliches Gesetzbuch, 82. Aufl. München 2023 (zitiert Grüneberg/Bearbeiter)

Grüneberg, Christian: Bürgerliches Gesetzbuch, 82. Aufl. München 2023 (zitiert Grüneberg/Bearbeiter)

Reidegeld, E. (2006). Staatliche Sozialpolitik in Deutschland: Band I: Von den Ursprüngen bis zum Untergang des Kaiserreiches 1918. Wiesbaden: VS Verlag für Sozialwissenschaften, 2. Aufl.

Rittershausen, H. (1964). Wirtschaft. Frankfurt am Main: Fischer, 6. Aufl.

Schäfer, H. und S. Seyda (2008) Individualisierung: Erosion des Normalarbeitsverhältnisses? In: Institut der deutschen Wirtschaft Köln (Hrsg.), Die Zukunft der Arbeit in Deutschland: Megatrends, Reformbedarf und Handlungsoptionen. Köln

Steger, M. B. (2017). Globalization: A Very Short Introduction. Oxford: Oxford University Press, 4th ed

Stolleis, M. (2003). Geschichte des Sozialversicherungsrechts: Ein Grundriß. Stuttgart: Lucius & Lucius

Werding, M. & Läpple, B. (2022). Finanzrisiken für den Bund durch die demographische Entwicklung in der Sozialversicherung: Reformszenarien. Köln: Finanzwirtschaftliches Forschungsinstitut der Universität Köln, FiFo Bericht Nr. 31

Wolters, T. (2008). Leiharbeit – *Arbeitnehmer-Überlassungsgesetz (AÜG).* Düsseldorf: Hans-Böckler-Stiftung, edition der Hans-Böckler-Stiftung Bd. 226

Dissertationen und Habilitationsschriften (ohne Anhang):

Göttling, S. (2007). Am Rande der Arbeitsgesellschaft – Psychologische Analyse der Arbeit langzeiterwerbsloser Menschen: *Dissertation.* Universität Leipzig, 2007

Leifels, A. (2014). Immobilien als Altersvorsorge. Empirie und Reformoptionen der Eigenheimrente: *Dissertation.* Universität Hannover 2006

Schaub, A. (2001). Arbeitnehmerüberlassung: *Dissertation.* Universität Göttingen, 2001.

Soyka, K. (2006). Humankapital und Intellectual Capital: Semantik, Begriffsgeschichte und praktische Bedeutung zweier Kategorien aus pädagogischer und wirtschaftlicher Sicht: *Dissertation.* Universität Freiburg. i. Br. 2014

Paper, Forschungsschriften und Berichte (ohne Anhang)

BA (2019). *Fachliche Weisungen Arbeitnehmerüberlassungsgesetz (AÜG). Anlage zur Weisung 201908001 (Fassung vom 01.08.2019).* Nürnberg: Bundesagentur für Arbeit

BA (2019). *Grundlagen: Methodenbericht – Bereinigter Pay Gap von Leiharbeitnehmern.* Bundesagentur für Arbeit, Januar 2019

BA (2021). *Tabellen – Leiharbeitnehmer und Verleihbetriebe (Monatszahlen und Jahreszahlen).* Bundesagentur für Arbeit, Stichtag 31.12.2021 `https://statistik.arbeitsagentur.de/Statistikdaten/Detail/202112/iiia6/beschaeftigung-anue-anue/anue-d-0-202112-xlsx` Zugriff am 19.12.2022

BA (2022). Berichte: *Blickpunkt Arbeitsmarkt - Entwicklungen in der Zeitarbeit.* Nürnberg: Bundesagentur für Arbeit, Juli 2022

BMAS (2021). Sozialbericht 2021. Bonn: Bundesministerium für Arbeit und Soziales

BMF (2022). Vorläufiger Abschluss des Bundeshaushalts 2021. In: Monatsbericht des BMF Januar 2022. Bundesministerium der Finanzen

Bellmann, L. & Kühl, A. (2008). Expansion der Leiharbeit, In: Arbeit und Soziales. Hans-Böckler-Stiftung, Düsseldorf

Brändle, T. & Kalweit, R. & Koch, A. & König, T. & Reiner, M. & Schütz, H. & Späth, J. (2022). *Endbericht zum Forschungsvorhaben Evaluation des Arbeitnehmerüberlassungsgesetzes (AÜG): Zb 1 – 04812-2/38.* Tübingen: Institut für Angewandte Wirtschaftsforschung (IAW) e.V.; Bonn: infas Institut für Angewandte Sozialwissenschaft GmbH; Bundesministerium für Arbeit und Soziales – Forschungsbericht 614, ISSN 0174-4992

Dorsch, T. et al (2015). Ursachen von Flucht und Migration – Ein Thema für Bildung und Gesellschaft. In: Warum Menschen fliehen. Gewerkschaft Erziehung und Wissenschaft

DRV (2022). Rentenversicherung in Zeitreihen: Oktober 2022. Deutsche Rentenversicherung Bund, DRV-Schriften Band 22

Keller, B. & Seifert, H. (2011). Atypische Beschäftigungsverhältnisse und soziale Risiken, In: WISO Diskurs Expertisen und Dokumentationen zu Wirtschafts- und Sozialpolitik, Friedrich-Ebert-Stiftung

Sachverständigenrat (2008). ANALYSE: Normalarbeitsverhältnisse und atypische Beschäftigung in Deutschland, In: DIE FINANZKRISE MEISTERN – WACHSTUMSKRÄFTE STÄRKEN. Wiesbaden: Sachverständigenrat zur Begutachtung der gesamtwirtschaftlichen Entwicklung

Sachverständigenrat (2002). *Sachverständigenrat zur Begutachtung der Gesamtwirtschaftlichen Entwicklung: Jahresgutachten: Teil: 2002/2003, Zwanzig Punkt für Beschäftigung und Wachstum.* Wiesbaden: Statistisches Bundesamt

Sachverständigenrat (2004). *Sachverständigenrat zur Begutachtung der Gesamtwirtschaftlichen Entwicklung: Jahresgutachten: Teil: 2004/2005, Erfolge im Ausland – Herausforderungen im Inland.* Wiesbaden: Statistisches Bundesamt

Schindler, Ch. (2018). Versicherungspflicht Beschäftigter und sonstiger Versicherter, In: Studientext Nr. 2, Deutsche Rentenversicherung Bund

Statistisches Bundesamt (Hrsg.) (2021). *Datenreport 2021: Ein Sozialbericht für die Bundesrepublik Deutschland.* Mannheim: SSOAR, GESIS – Leibniz-Institut für Sozialwissenschaften e.V. - Bonn: Bundeszentrale für politische Bildung (bpb)

Statistisches Bundesamt (Hrsg.) (2021). *Datenreport 2021: Leiharbeitnehmer und Verleihbetriebe (Monatszahlen und Jahreszahlen).* Nürnberg: Bundesagentur für Arbeit

Statistik der Bundesagentur für Arbeit (2022). Berichte: Blickpunkt Arbeitsmarkt – Entwicklung in der Zeitarbeit. Nürnberg

Steffen, J. (2011). Niedriglohn und Rente, Arbeitnehmerkammer Bremen, www.ak-sozialpolitik.de http://www.portal-sozialpolitik.de/uploads/sopo/pdf/2011/2011-07-01_Niedriglohn_und_Rente.pdf Zugriff am 03.01.2023

Entscheidungsverzeichnis (ohne Anhang)

Europäischer Gerichtshof

Urteil v. 18.07.2007 - C-119/05, *Staatliche Beihilfen – EGKS – Eisen- und Stahlindustrie – Für mit dem Gemeinsamen Markt unvereinbar erklärte Beihilfe – Rückforderung – Rechtskraft eines Urteils eines innerstaatlichen Gerichts*

Vorabentscheidungsersuchen vom Bundesarbeitsgericht v. 14. Juli 2021 - C-427/21

Urteil v. 13.01.2022 – C-514/20, *Vorlage zur Vorabentscheidung – Sozialpolitik – Charta der Grundrechte der Europäischen Union – Art. 31 Abs. 2 – Richtlinie 2003/88/EG – Arbeitszeitgestaltung – Art. 7 – Jahresurlaub – Arbeitszeit – Überstunden – Berechnung der Arbeitszeit auf Monatsbasis – Kein ...*

Urteil v. 15.12.2022 – C-311/21, *TimePartner Personalmanagement Vorlage zur Vorabentscheidung – Beschäftigung und Sozialpolitik – Leiharbeit – Richtlinie 2008/104/EG – Art. 5 – Grundsatz der Gleichbehandlung – Notwendigkeit, bei einer Abweichung von diesem Grundsatz den Gesamtschutz von Leiharbeitnehmern zu achten – Tarifvertrag, der ...*

Urteil v. 17.03.2022 – C-232/20, *Vorlage zur Vorabentscheidung – Sozialpolitik - Richtlinie 2008/104/EG – Leiharbeit – Art. 1 Abs. 1 – "Vorübergehende" Überlassung – Begriff – Besetzung eines dauerhaften Arbeitsplatzes – Art. 5 Abs. 5 – Aufeinanderfolgende Überlassungen – Art. 10 – Sanktionen - Art. 11 ...*

Urteil v. 5.12.2022 - bC-311/21, *Vorlage zur Vorabentscheidung - Beschäftigung und Sozialpolitik – Leiharbeit – Richtlinie 2008/104/EG – Art. 5 – Grundsatz der Gleichbehandlung – Notwendigkeit, bei einer Abweichung von diesem Grundsatz den Gesamtschutz von Leiharbeitnehmern zu achten – Tarifvertrag, der ...*

Bundesgerichtshof

Urteil des III. Zivilsenats v. 5.11.2020 - III ZR 156/19, *Arbeitnehmerüberlassung, Wirksamkeit einer Vermittlungshonorarklausel*

Bundesverfassungsgericht

Urteil v. 04.04.1967 – 1 BvR 126/65, *Führungskräfte der Wirtschaft*

Urteil v. 04.04.1967 – 1 BvR 84/65, *Arbeitsvermittlungsmonopol*

Beschluss v. 06.10.1987 – 1 BvR 1086/82, 1 BvR 1468/82, 1 BvR 1623/82, *Arbeitnehmerüberlassung*

Urteil v. 19.06.2020 - 1 BvR 842/17, *Erfolglose Verfassungsbeschwerde gegen das Verbot des Einsatzes von Streikbrechern*

Bundesarbeitsgericht

Urteil v. 17.01.2008 – 2 AZR 536/06, *Ordentliche Kündigung wegen Minderleistungen*

Urteil v. 18.03.2020 – 5 AZR 430/18, *Anspruch auf Branchenzuschlag (TV über Branchenzuschläge für Arbeitnehmerüberlassungen in der Metall- und Elektroindustrie)*

Urteil v. 14.09.2022 – 4 AZR 83/21, *Verlängerung der gesetzlich festgelegten Höchstdauer einer Arbeitnehmerüberlassung durch Tarifvertrag*

Urteil v. 31.05.2023 – 5 AZR 143/19, *Belastungsausgleich bei Abweichungen vom Equal-pay-Grundsatz*

Beschluss v. 16.12.2020 – 5 AZR 143/19 (A), *Arbeitnehmerüberlassung - Anspruch auf gleiches Arbeitsentgelt („equal pay") – Abweichung durch Tarifvertrag*

Landesarbeitsgerichte

Berlin-Brandenburg: **Urteil v. 17.12.2014 – 15 Sa 982/14**, *Leiharbeit – Kein Abbau von Plusstunden wegen fehlender Einsatzmöglichkeit*

Baden-Württemberg: **Urteil v. 18.11.2020, 21 Sa 12/20**, *Reichweite der Tarifdispositivität des § 1 Abs 1b S 3 AÜG – Betriebsnormen – Inhaltsnormen*

Hessen: **Rechtsprechung v. 28.04.2016 - 9 Sa 1287/15**, *§ 11 Abs. 4 Satz 1 AÜG, § 615 Satz 1 BGB, § 134 BGB, § 11 Abs. 4 S. 1 AÜG, § 615 S. 1 BGB, § 134 BGB*

Der zwischen dem Bundesarbeitgeberverband der Personaldienstleister e.V. (BAP) – vormals Bundesverband Zeitarbeit Personal-Dienstleistungen e.V. (BZA) – und den Mitgliedsgewerkschaften des DGB abgeschlossene Manteltarifvertrag Zeitarbeit vom 22. Juli 2003 berechtigt den ...

Gesetzesmaterialien und sonstige Quellen (ohne Anhang)

Amtsblatt der Europäischen Union

2000 C 264/1

2003 L 299/9, *Richtlinie 2003/88/EG des europäischen Parlaments und des Rates vom 4. November 2003 über bestimmte Aspekte der Arbeitszeitgestaltung*

2008 L 327/9, *Richtlinie 2008/104/EG des Europäischen Parlaments und des Rates vom 19. November 2008 über Leiharbeit*

Ausarbeitung Deutscher Bundestag, Wissenschaftlicher Dienst

WD 6 – 3000 – 138/9, S. 8, *Verfassungsrechtliche Aspekte eines Verbots der Arbeitnehmerüberlassung in den Pflegebereich*

Gesetzentwurf Deutscher Bundestag

Drucksache 9/846, S. 31, *Entwurf eines Gesetzes zur Konsolidierung der Arbeitsförderung (Arbeitsförderungs-Konsolidierungsgesetz — AFKG)*

Drucksache 19/11667, S. 2, *Auswirkungen und Evaluierung des Gesetzes zur Änderung der Arbeitnehmerüberlassung*

Drucksache 18/9232, S. 19-31, *Entwurf eines Gesetzes zur Änderung des Arbeitnehmerüberlassungsgesetzes und anderer Gesetze*

Drucksache 18(11)761neu, S. 63f., 77, *Gesetzentwurf der Bundesregierung Entwurf eines Gesetzes zur Änderung des Arbeitnehmerüberlassungsgesetzes und anderer Gesetze – BT-Drucksache 18/9232*

Drucksache 20/602, S. 58, *Antwort der Parlamentarischen Staatssekretärin Kerstin Griese vom 3. Februar 2022*

Drucksache 20/1413, *Entwurf eines Elften Gesetzes zur Änderung des Zweiten Buches Sozialgesetzbuch*

Drucksache 20/2221, S. 2, *Stand der Reform der Rentenbesteuerung*

Drucksache 20/4728, S. 142f., *Bericht des Haushaltsausschusses (8. Ausschuss) gemäß § 96 der Geschäftsordnung*

Deutscher Bundestag, Stenographischer Bericht

BT-StenBer 13/41, 1.6.1995, S. 3183 (B)

BT-StenBer 19/228, 7.5.2021, S. 29170 (D)

Bundesgesetzblatt Teil I

1957, Nr. 4, S. 45–87, *Gesetz zur Neuregelung des Rechts der Rentenversicherung der Arbeiter (Arbeiterrentenversicherungs-Neuregelungsgestz – ArVNG)*

1957, Nr. 4, S. 88-131, *Gesetz zur Neuregelung des Rechts der Rentenversicherung der Arbeiter (Arbeiterrentenversicherungs-Neuregelungsgestz – ArVNG)*

1957, Nr. 13, S. 321-364, *Gesetz über Arbeitsvermittlung und Arbeitslosenversicherung (AVAVG)*

1957, Nr. 22, S. 533-568, *Gesetz zur Neuregelung der knappschaftlichen Rentenversicherung (Knappschaftsrentenversicherungs-Neuregelungsgesetz – KnVNG)*

1967, Nr. 20, S. 594–721

1972, Nr. 83, S. 1393–1400, *Gesetz zur Regelung der gewerbsmäßigen Arbeitnehmerüberlassung (Arbeitnehmerüberlassungsgesetz – AÜG)*

1975, Nr. 140, S. 3015-3029, *Sozialgesetzbuch (SGB) – Allgemeiner Teil –*

1981, Nr. 58, S. 1497, *Gesetz zur Konsolidierung der Arbeitsförderung (Arbeitsförderungs-Konsolidierungsgesetz – AFKG)*

1988, Nr. 62, S. 2477–2597, *Gesetz zur Strukturreform im Gesundheitswesen (Gesundheits-Reformgesetz – GRG)*

1989, Nr. 60, S. 2261-2394, *Gesetz zur Reform der gesetzlichen Rentenversicherung (Rentenreformgesetz 1992 – RRG 1992)*

1994, Nr. 30, S. 1014–1073, *Gesetz zur sozialen Absicherung des Risikos der Pflegebedürftigkeit (Pflege-Versicherungsgesetz – PflegeVG)*

2001, Nr. 13, S. 403–418, *Gesetz zur Ergänzung des Gesetzes zur Reform der gesetzlichen Rentenversicherung und zur Förderung eines kapitalgedeckten Altersvorsorgevermögens (Altersvermögensergänzungsgesetz – AVmEG)*

2002, Nr. 87, S. 4607–4620, *Erstes Gesetz für moderne Dienstleistungen am Arbeitsmarkt*

2003, Nr. 66, S. 2954–3000, *Viertes Gesetz für moderne Dienstleistungen am Arbeitsmarkt*

2017, Nr. 8, S. 258–261, *Gesetz zur Änderung des Arbeitnehmerüberlassungsgesetzes und anderer Gesetze*

2020, Nr. 67, S. 3334, *Gesetz zur Verbesserung des Vollzugs im Arbeitsschutz (Arbeitsschutzkontrollgesetz)*

2021, Nr. 6, S. 154, *Gesetz zur Verbesserung der Transparenz in der Alterssicherung und der Rehabilitation sowie zur Modernisierung der Sozialversicherungswahlen und zur Änderung anderer Gesetze (Gesetz Digitale Rentenübersicht)*

2021, Nr. 52, S. 3367, *Besondere Gebührenverordnung des Bundesministeriums für Arbeit und Soziales für individuell zurechenbare öffentliche Leistungen in dessen Zuständigkeitsbereich (Besondere Gebührenverordnung BMAS – BMASBGebV)*

2021, Nr. 81, S. 5044f., *Verordnung über maßgebende Rechengrößen der Sozialversicherung für 2022 (Sozialversicherungs-Rechengrößenverordnung 2022)*

2022, Nr. 27, S. 1174–1181, *Gesetz zur Umsetzung der Richtlinie (EU) 2019/1152 des Europäischen Parlaments und des Rates vom 20. Juni 2019 über transparente und vorhersehbare Arbeitsbedingungen in der Europäischen Union im Bereich des Zivilrechts und zur Übertragung von Aufgaben an die Sozialversicherung für Landwirtschaft, Forsten und Gartenbau*

Reichsgesetzblatt Teil I

1871, Nr. 25, S. 207–209, *Gesetz, betreffend die Verbindlichkeit zum Schadenersatz für die beim Betriebe von Eisenbahnen, Bergwerken etc. herbeigeführten Tödtungen und Körperverletzungen*

1878, Nr. 34, *Gesetz gegen die gemeingefährlichen Bestrebungen der Sozialdemokratie (Sozialistengesetz)*

1883, Nr. 9, S. 73–104, *Gesetz, betreffend die Krankenversicherung der Arbeiter*

1884, Nr. 19, S. 69–111, *Unfallversicherungsgesetz*

1889, Nr. 13, S. 97–144, *Gesetz, betreffend die Invaliditäts- und Altersversicherung*

1911, Nr. 42, S. 509–838, *Reichsversicherungsordnung*

1911, Nr. 68, S. 989–1069, *Versicherungsgesetz für Angestellte*

1918, Nr. 153, S. 1305–1308, *Verordnung über Erwerbslosenfürsorge*

1924, Nr. 39, S. 563–606, *Bekanntmachung der neuen Fassung des Angestelltenversicherungsgesetzes*

1927, Nr. 32, S. 187–218, *Gesetz über Arbeitsvermittlung und Arbeitslosenversicherung*

1927, Nr. 32, S. 187–220, *Gesetz über Arbeitsvermittlung und Arbeitslosenversicherung*

1934, Nr. 75, S. 577–580, *Gesetz über den Aufbau der Sozialversicherung*

1941, Nr. 126, S. 689–693, *Verordnung über die Krankenversicherung der Rentner*

Bundesanzeiger AT

Veröffentlicht am Freitag, 23.12.2022, *Fünfte Verordnung über eine Lohnuntergrenze in der Arbeitnehmerüberlassung*

Internetquellen (ohne Anhang)

BaFin (2021). Exchange Traded Funds (ETF) auf einen Blick. In: Verbraucher, Finanzwissen auf einen Blick, Wertpapiere & Geldanlage. `https://www.bafin.de/DE/Verbraucher/Finanzwissen/WA/ETF/ETF_node.html` Zugriff am 29.12.2022

BMAS (2022). Gesetzliche Rentenversicherung. In: Fakten zur Rente. Bundesministerium für Arbeit und Soziales. `https://www.bmas.de/DE/Soziales/Rente-und-Altersvorsorge/Fakten-zur-Rente/Gesetzliche-Rentenversicherung/gesetzliche-rentenversicherung.html#docaf7937a7-ce9e-4571-ae2f-7a9b45a7fd67bodyText4` Zugriff am 11.01.2022

Bundesagentur für Arbeit (2023). Statistik/Arbeitsmarktberichterstattung `https://statistik.arbeitsagentur.de/DE/Statischer-Content/Grundlagen/Definitionen/Glossare/Generische-Publikationen/Gesamtglossar.pdf?__blob=publicationFile` Zugriff am 10.01.2023

Bundesagentur für Arbeit (2022). Bundesagentur für Arbeit, Statistik/Arbeitsmarktberichterstattung, Leiharbeitnehmer und Verleihbetriebe – Deutschland und Länder (Monatszahlen, Jahreszahlen und Zeitreihen) - Dezember 2021 `https://statistik.arbeitsagentur.de/Statistikdaten/Detail/202112/iiia6/beschaeftigung-anue-anue/anue-d-0-202112-xlsx` Zugriff am 10.01.2023

Keller, B. (2018). Revision von Atypische Beschäftigung. In: Springer Fachmedien Wiesbaden GmbH. `https://wirtschaftslexikon.gabler.de/definition/atypische-beschaeftigung-53543/version-332695` Revision von Atypische Beschäftigung vom 29.08.2018 - 09:00 Zugriff am 11.12.2022

Oschmiansky, F. (2020). Leiharbeit / Arbeitnehmerüberlassung / Zeitarbeit. Bundeszentrale für politische Bildung. Bpb online `https://www.bpb.de/themen/arbeit/arbeitsmarktpolitik/317243/leiharbeit-arbeitnehmerueberlassung-zeitarbeit/` Zugriff am 19.12.2022

Schulze Buschoff, K. (2002). Die Flexibilisierung der Arbeitszeiten in der Bundesrepublik Deutschland. Ausmaß, Bewertung und Präferenzen. In: Aus Politik und Zeitgeschichte `https://www.bpb.de/shop/zeitschriften/apuz/25662/die-flexibilisierung-der-arbeitszeiten-in-der-bundesrepublik-deutschland/` Zugriff am 27.11.2022

Statistisches Bundesamt (2022). Ein Fünftel der Bevölkerung in Deutschland hatte 2021 ein Nettoeinkommen von unter 16 300 Euro im Jahr. In: Pressemitteilung Nr. N 062 vom 5. Oktober 2022. `https://www.destatis.de/DE/Pre`

sse/Pressemitteilungen/2022/10/PD22_N062_63.html Zugriff am 03.01.2023

Anlagen

Anlage A1. Dokumente zur Sozialgesetzgebung unter Bismarck

Auszug aus der Begründung des Entwurfes eines Gesetzes, betreffend die Unfallversicherung der Arbeiter, das dem Reichstag am 8. März 1881 durch v. Bismarck vorgelegt wurde: „Bei der Berathung des Gesetzes vom 21. Oktober 1878[263], betreffend die gemeingefährlichen Bestrebungen der Sozialdemokratie, ist die Nothwendigkeit anerkannt worden, die bedenklichen Erscheinungen, welche den Erlaß dieses Gesetzes nothwendig gemacht haben, auch durch positive, auf die Verbesserung der Lage der Arbeiter abzielende Maßnahmen zu bekämpfen. Wenn auch die Hoffnung berechtigt ist, daß die allg. Besserung, welche von der neuerdings befolgten nationalen Wirtschaftspolitik für die Entwicklung des heimischen Gewerbefleißes erwartet werden darf, auch den Arbeitern durch eine allmälige Erhöhung des Arbeitsverdienstes und durch eine Verminderung der Schwankungen desselben zu gute kommen wird, so ist doch nicht zu verkennen, daß in der Unsicherheit des lediglich auf der Verwertung der persönlichen Arbeitskraft beruhenden Erwerbes, welche auch bei normaler Entwicklung der heimischen Erwerbsthätigkeit niemals ganz beseitigt werden kann, Mißstände begründet sind, welche zwar auch durch gesetzgeberische Maßnahmen nicht völlig aufzuheben sind, deren allmälige Milderung aber auf dem Wege besonderer, die eigenthümlichen Verhältnisse der Arbeiter berücksichtigender Gesetzgebung ernstlich in Angriff genommen werden muß. Daß der Staat sich in höherem Maße als bisher seiner hülfsbedürftigen Mitglieder annehme, ist nicht blos eine Pflicht der Humanität und des Christenthums, von welchem die staatlichen Einrichtungen durchdrungen sein sollen, sondern auch die Aufgabe staatserhaltender Politik, welche das Ziel zu verfolgen hat, auch in den besitzlosen Klassen der Bevölkerung, welche zugleich die zahlreichsten und am wenigsten unterrichteten sind, die Anschauung zu pflegen, daß der Staat nicht blos eine nothwendige, sondern auch eine wohlthätige Einrichtung sei. In dem Ende müssen sie durch erkennbare direkte Vortheile, welche ihnen durch gesetzgeberische Maßregeln zu Theil werden, dahin geführt werden, den Staat nicht als eine lediglich zum Schutz der besser situierten Klassen erfundene, sondern als eine auch ihren Bedürfnissen und Interessen dienende Institution aufzufassen.“ [264]

Auszug aus der „Allerhöchsten Botschaft“ des Kaisers in der Eröffnungssitzung zur 5. Legislaturperiode des Reichstags am 17. November 1881, verlesen durch v. Bismarck: „Schon im Februar dieses Jahres haben wir Unsere Ueberzeugung aussprechen lassen,

[263] Gegen die gemeingefährlichen Bestrebungen der Sozialdemokratie (SozialistenG), RGBl. 1878, Nr. 36, 351.

[264] StenBer über die Verh. des RT. 4. Legislaturperiode - IV. Session 1881. 3. Bd., Aktenstück Nr. 41, Anl. 2, 228.

daß die Heilung der sozialen Schäden nicht ausschließlich im Wege der Repression sozialdemokratischer Ausschreitungen, sondern gleichmäßig auf dem der positiven Förderung des Wohles der Arbeiter zu suchen sein werde. Wir halten es für Unsere Kaiserliche Pflicht, dem Reichstage diese Ausgabe von neuem ans Herz zu legen, und würden Wir mit um so größerer Befriedigung auf alle Erfolge, mit denen Gott Unsere Regierung sichtlich gesegnet hat, zurückblicken, wenn es uns gelänge, dereinst das Bewußtsein mitzunehmen, dem Vaterlande neue und dauernde Bürgschaften seines inneren Friedens und den Hilfsbedürftigen größere Sicherheit und Ergiebigkeit des Beistandes, auf den sie Anspruch haben, zu hinterlassen. In unseren darauf gerichteten Bestrebungen sind Wir der Zustimmung alle verbündeten Regierungen gewiß und vertrauen auf die Unterstützung des Reichstags ohne Unterschied der Parteistellungen.

In diesem Sinne wird zunächst der von den verbündeten Regierungen in der vorigen Session vorgelegte Entwurf eines Gesetzes über die Versicherung der Arbeiter gegen Betriebsunfälle mit Rücksicht auf die im Reichstag stattgehabten Verhandlungen einer Umarbeitung unterzogen, um die erneute Berathung desselben vorzubereiten. Ergänzend wird ihm eine Vorlage zur Seite treten, welche sich eine gleichmäßige Organisation des gewerblichen Krankenkassenwesens zur Aufgabe stellt. Aber auch diejenigen, welche durch Alter oder Invalidität erwerbsunfähig werden, haben der Gesamtheit gegenüber einem begründeten Anspruch auf ein höheres Maß staatlicher Fürsorge, als ihnen bisher zu Theil werden ließ.“ [265]

Quellen

Stenographische Berichte über die Verhandlungen des Reichstags. 4. Legislaturperiode - IV. Session 1881. Dritter Band. Anlagen zu den Verhandlungen des Reichstags. Nr. 1 bis 101. Berlin: Verl. der Buchdr. der Norddt. Allg. Zeitung, 1881. Aktenstück Nr. 41 (Unfallversicherung der Arbeiter), Anlage 2, S. 228. `https://www.reichstagsprotokolle.de/Blatt3_k4_bsb00018434_00199.html`

Stenographische Berichte über die Verhandlungen des Reichstags. 5. Legislaturperiode, I. Session 1881/82. [Erster Band] Von der Eröffnungssitzung am 17. November 1881 bis zur Schlußsitzung am 30. Januar 1882. Berlin: Verl. der Buchdr. der Norddt. Allg. Zeitung, 1882. S. 2. `https://www.reichstagsprotokolle.de/Blatt3_k5_bsb00018436_00052.html`

[265] StenBer über die Verh. des RT. 5. Legislaturperiode, I. Session 1881/82. 1. Bd., 2.

Anlage A2. Aufgaben des Sozialgesetzbuches

Die Aufgaben stehen am Anfang des Sozialgesetzbuches (SGB) Erstes Buch (I) – Allgemeiner Teil – (Artikel I des Gesetzes vom 11. Dezember 1975, BGBl. I S. 3015). Dort heißt es in § 1 Aufgaben des Sozialgesetzbuches in Art. 1:

„Das Recht des Sozialgesetzbuches soll zur Verwirklichung sozialer Gerechtigkeit und sozialer Sicherheit Sozialleistungen einschließlich sozialer und erzieherischer Hilfen gestalten. Es soll dazu beitragen, ein menschenwürdiges Dasein zu sichern, gleiche Voraussetzungen für die freie Entfaltung der Persönlichkeit, insbesondere auch für junge Menschen zu schaffen, den Erwerb des Lebensunterhalts durch eine frei gewählte Tätigkeit zu ermöglichen und besondere Belastungen des Lebens, auch durch Hilfe zur Selbsthilfe, abzuwenden und auszugleichen."

Anlage A3. Übersicht zu Leistungen im Sozialbudget

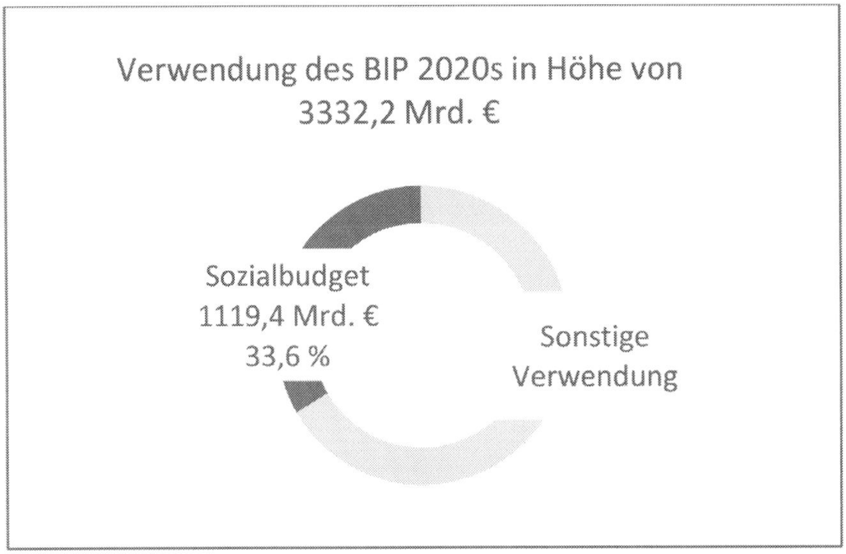

Abbildung 1: Verwendung des BIP 2020 (geschätzt)

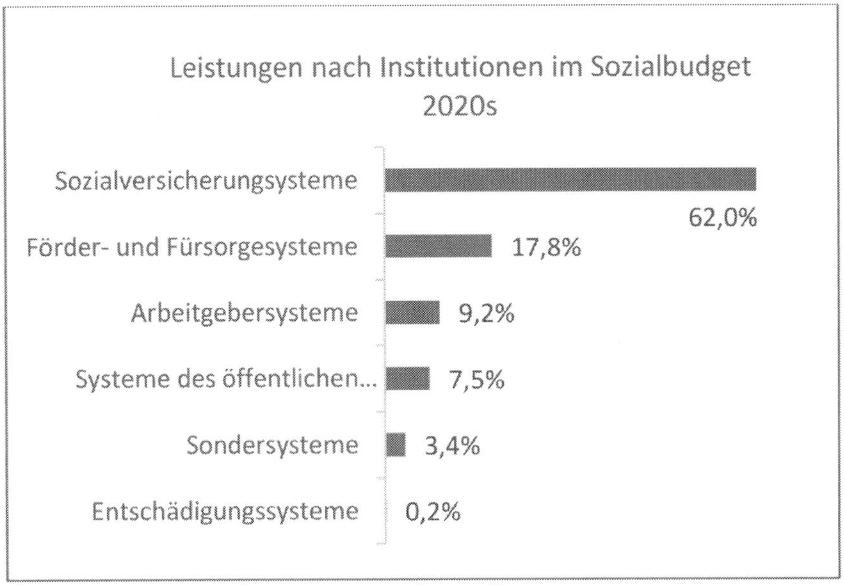

Abbildung 2: Leistungen nach Institutionen um Sozialbudget 2020 (geschätzt)

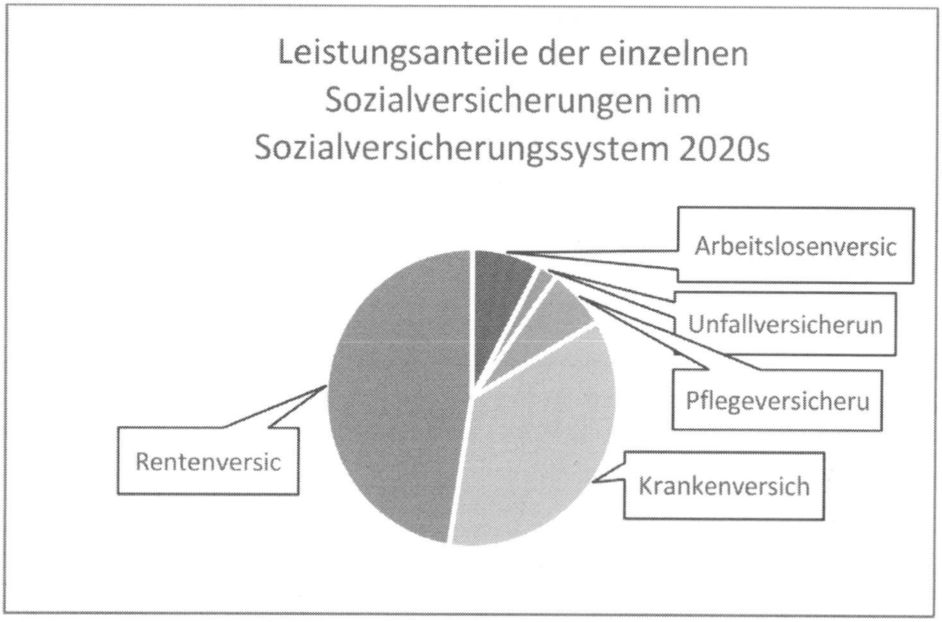

Abbildung 3: Leistungsanteile im Budget des Sozialversicherungssystems 2020 (geschätzt)

Quellen

BMAS (2021). Sozialbericht 2021. Bonn: Bundesministerium für Arbeit und Soziales.

Abb. 1 BMAS 2021, S. 316 – Tabelle I-1 Sozialbudget 2020 – Zeile 2020s

Abb. 2 BMAS 2021, S. 322 – Tabelle II Leistungen nach Institutionen – Zeilen 1, 2, 3, 4, 5, 6.

Abb. 3 BMAS 2021, S. 322 – Tabelle II Leistungen nach Institutionen – Zeilen 11 bis 15.

Anlage A4. Zur Überlassungsdauer von Leiharbeitnehmern und den Konsequenzen

Das LAG Berlin-Brandenburg hat mit Beschluss vom 13.05.2020 – 15 Sa 1991/19 entschieden:

„Dem Europäischen Gerichtshof werden folgende Fragen zur Auslegung der Richtlinie 2008/104/EG des Europäischen Parlaments und des Rates vom 19.11.2008 über Leiharbeit (Leiharbeitsrichtlinie) vorgelegt:

1. Ist die Überlassung eines Leiharbeitnehmers an ein entleihendes Unternehmen schon dann nicht mehr als vorübergehend im Sinne des Artikel 1 der Leiharbeitsrichtlinie anzusehen, wenn die Beschäftigung auf einem Arbeitsplatz erfolgt, der dauerhaft vorhanden ist und der nicht vertretungsweise besetzt wird?
2. Ist die Überlassung eines Leiharbeitnehmers unterhalb einer Zeitspanne von 55 Monaten als nicht mehr vorübergehend im Sinne des Artikel 1 der Richtlinie anzusehen?
3. Falls die Fragen zu 1. und/oder 2. bejaht werden, ergeben sich folgende Zusatzfragen:
   3.1. Besteht für den Leiharbeitnehmer ein Anspruch auf Begründung eines Arbeitsverhältnisses mit dem entleihenden Unternehmen, auch wenn das nationale Recht eine solche Sanktion vor dem 01.04.2017 nicht vorsieht?
   3.2. Verstößt eine nationale Regelung wie § 19 Absatz 2 AÜG dann gegen Artikel 1 der Leiharbeitsrichtlinie, wenn sie erstmals ab dem 01.04.2017 eine individuelle Überlassungshöchstdauer von 18 Monaten vorschreibt, vorangegangene Zeiten der Überlassung aber ausdrücklich unberücksichtigt lässt, wenn bei Berücksichtigung der vorangegangenen Zeiten die Überlassung als nicht mehr vorübergehend zu qualifizieren wäre?
   3.3. Kann die Ausdehnung der individuellen Überlassungshöchstdauer den Tarifvertragsparteien überlassen werden? Falls dies bejaht wird: Gilt dies auch für Tarifvertragsparteien, die nicht für das Arbeitsverhältnis des betroffenen Leiharbeitnehmers, sondern für die Branche des entleihenden Unternehmens zuständig sind?“[266]

Eine Beantwortung der Fragen erfolgte im Urteil des EuGH vom 17. März 2022 – Rs. C-232/20. Dazu sind im Urteil Schlussfolgerungen vermerkt.

- Zur ersten Frage:
  „Nach alledem ist auf die erste Frage zu antworten, dass Art. 1 Abs. 1 der Richtlinie 2008/104 dahin auszulegen ist, dass der in dieser Bestimmung verwendete

[266] LAG Berlin-Brandenburg, Beschluss vom 13.05.2020 – 15 Sa 1991/19, Tenor II.

Begriff „vorübergehend" der Überlassung eines Arbeitnehmers, der einen Arbeitsvertrag oder ein Arbeitsverhältnis mit einem Leiharbeitsunternehmen hat, an ein entleihendes Unternehmen, die zur Beschäftigung auf einem Arbeitsplatz erfolgt, der dauerhaft vorhanden ist und der nicht vertretungsweise besetzt wird, nicht entgegensteht."[267]

- Zur zweiten Frage:
  „Nach alledem ist auf die zweite Frage zu antworten, dass Art. 1 Abs. 1 und Art. 5 Abs. 5 der Richtlinie 2008/104 dahin auszulegen sind, dass es einen missbräuchlichen Einsatz aufeinanderfolgender Überlassungen eines Leiharbeitnehmers darstellt, wenn diese Überlassungen auf demselben Arbeitsplatz bei einem entleihenden Unternehmen für eine Dauer von 55 Monaten verlängert werden, falls die aufeinanderfolgenden Überlassungen desselben Leiharbeitnehmers bei demselben entleihenden Unternehmen zu einer Beschäftigungsdauer bei diesem Unternehmen führen, die länger ist als das, was unter Berücksichtigung sämtlicher relevanter Umstände, zu denen insbesondere die Branchenbesonderheiten zählen, und im Kontext des nationalen Regelungsrahmens vernünftigerweise als „vorübergehend" betrachtet werden kann, ohne dass eine objektive Erklärung dafür gegeben wird, dass das betreffende entleihende Unternehmen auf eine Reihe aufeinanderfolgender Leiharbeitsverträge zurückgreift. Diese Feststellungen zu treffen, ist Sache des vorlegenden Gerichts."[268]
- Zur dritten Frage:
  „Nach alledem ist auf die dritte Frage zu antworten, dass Art. 10 Abs. 1 der Richtlinie 2008/104 dahin auszulegen ist, dass in Ermangelung einer nationalen Rechtsvorschrift, die eine Sanktion für die Nichteinhaltung dieser Richtlinie durch Leiharbeitsunternehmen oder entleihende Unternehmen vorsieht, der Leiharbeitnehmer aus dem Unionsrecht kein subjektives Recht auf Begründung eines Arbeitsverhältnisses mit dem entleihenden Unternehmen ableiten kann."[269]
- Zur vierten Frage:
  „Nach alledem ist auf die vierte Frage zu antworten, dass die Richtlinie 2008/104 dahin auszulegen ist, dass sie einer nationalen Regelung entgegensteht, die eine Höchstdauer der Überlassung desselben Leiharbeitnehmers an dasselbe entleihende Unternehmen festlegt, wenn sie durch eine Übergangsvorschrift die Berücksichtigung von vor dem Inkrafttreten dieser Regelung liegenden Zeiträumen bei der Berechnung dieser Dauer ausschließt und dem nationalen Gericht die Möglichkeit nimmt, die tatsächliche Dauer der Überlassung eines Leiharbeitnehmers zu berücksichtigen, um festzustellen, ob diese Überlassung

[267] EuGH, Urteil vom 17.03.2022 – Rs. C – 232/20, Rn. 38.
[268] Ebd., Rn. 63.
[269] Ebd., Rn. 100.

im Sinne der Richtlinie „vorübergehend" war; dies festzustellen ist Sache dieses Gerichts. Ein nationales Gericht, bei dem ein Rechtsstreit ausschließlich zwischen Privatpersonen anhängig ist, ist nicht allein aufgrund des Unionsrechts verpflichtet, eine solche unionsrechtswidrige Übergangsvorschrift unangewendet zu lassen."[270]

- Zur fünften Frage:
  „Nach alledem ist auf die fünfte Frage zu antworten, dass die Richtlinie 2008/104 dahin auszulegen ist, dass sie einer nationalen Regelung nicht entgegensteht, die die Tarifvertragsparteien ermächtigt, auf der Ebene der Branche der entleihenden Unternehmen von der durch eine solche Regelung festgelegten Höchstdauer der Überlassung eines Leiharbeitnehmers abzuweichen."[271]

Quellen

LAG Berlin-Brandenburg, Beschluss vom 13.05.2020 – 15 Sa 1991/19 Online https://gerichtsentscheidungen.brandenburg.de/gerichtsentscheidung/2015 [29.12.2022].

EuGH, Urteil vom 17.03.2022 – Rs. C – 232/20. Online https://eur-lex.europa.eu/legal-content/DE/TXT/PDF/?uri=CELEX:62020CJ0232&from=de [29.12.2022].

[270] Ebd., Rn. 83.
[271] Ebd., Rn. 111.

Anlage A5. Zum Anspruch auf gleiches Arbeitsentgelt – Abweichung durch Tarifvertrag

Das BAG hat mit Beschluss vom 16.12.2020 – 5 AZR 143/19 (A) angefragt:
„Der Gerichtshof der Europäischen Union wird gemäß Art. 267 AEUV um Vorabentscheidung über folgende Fragen ersucht:

1. Wie definiert sich der Begriff des „Gesamtschutzes von Leiharbeitnehmern" in Art. 5 Abs. 3 Richtlinie 2008/104/EG des Europäischen Parlaments und des Rates vom 19. November 2008 über Leiharbeit, umfasst er insbesondere mehr als das, was nationales und Unionsrecht als Schutz für alle Arbeitnehmer zwingend vorgeben?
2. Welche Voraussetzungen und Kriterien müssen erfüllt sein für die Annahme, von dem in Art. 5 Abs. 1 Richtlinie 2008/104/EG festgelegten Grundsatz der Gleichbehandlung abweichende Regelungen in Bezug auf die Arbeits- und Beschäftigungsbedingungen von Leiharbeitnehmern in einem Tarifvertrag seien unter Achtung des Gesamtschutzes von Leiharbeitnehmern erfolgt?
   a) Ist die Prüfung der Achtung des Gesamtschutzes – abstrakt – auf die tariflichen Arbeitsbedingungen der unter den Geltungsbereich eines solchen Tarifvertrags fallenden Leiharbeitnehmer bezogen oder ist eine vergleichende, wertende Betrachtung zwischen den tariflichen und den Arbeitsbedingungen geboten, die in dem Unternehmen bestehen, in das die Leiharbeitnehmer überlassen werden (Entleiher)?
   b) Verlangt bei einer Abweichung vom Grundsatz der Gleichbehandlung in Bezug auf das Arbeitsentgelt die in Art. 5 Abs. 3 Richtlinie 2008/104/EG vorgegebene Achtung des Gesamtschutzes, dass zwischen Verleiher und Leiharbeitnehmer ein unbefristetes Arbeitsverhältnis besteht?
3. Müssen die Voraussetzungen und Kriterien für die Achtung des Gesamtschutzes von Leiharbeitnehmern iSd. Art. 5 Abs. 3 Richtlinie 2008/104/EG den Sozialpartnern vom nationalen Gesetzgeber vorgegeben werden, wenn er ihnen die Möglichkeit einräumt, Tarifverträge zu schließen, die von dem Gebot der Gleichbehandlung abweichende Regelungen in Be-zug auf die Arbeits- und Beschäftigungsbedingungen von Leiharbeitnehmern enthalten, und das nationale Tarifsystem Anforderungen vorsieht, die zwischen den Tarifvertragsparteien einen angemessenen Interessenausgleich erwarten lassen (sog. Richtigkeitsgewähr von Tarifverträgen)?
4. Falls die dritte Frage bejaht wird:
   a) Ist die Achtung des Gesamtschutzes von Leiharbeitnehmern iSd. Art. 5 Abs. 3 Richtlinie 2008/104/EG gewahrt mit gesetzlichen Regelungen, die wie die seit dem 1. April 2017 geltende Fassung des Arbeitnehmer-

überlassungsgesetzes eine Lohnuntergrenze für Leiharbeitnehmer, eine Höchstdauer für die Überlassung an denselben Entleiher, eine zeitliche Begrenzung der Abweichung vom Grundsatz der Gleichbehandlung in Bezug auf das Arbeitsentgelt, die Nichtgeltung einer vom Grundsatz der Gleichbehandlung abweichenden tariflichen Regelung für Leiharbeitnehmer, die in den letzten sechs Monaten vor der Überlassung an den Entleiher bei diesem oder einem Arbeitgeber, der mit dem Entleiher einen Konzern iSd. § 18 Aktiengesetzes bildet, ausgeschieden sind sowie die Verpflichtung des Entleihers, dem Leiharbeitnehmer grundsätzlich unter den gleichen Bedingungen, wie sie für Stammarbeitnehmer gelten, Zugang zu den Gemeinschaftseinrichtungen oder -diensten (wie insbesondere Kinderbetreuungseinrichtungen, Gemeinschaftsverpflegung und Beförderungsmittel), zu gewähren, vorsehen?

b) Falls dies bejaht wird:
Gilt das auch dann, wenn in entsprechenden gesetzlichen Regelungen wie in der bis zum 31. März 2017 geltenden Fassung des Arbeitnehmerüberlassungsgesetzes eine zeitliche Begrenzung der Abweichung vom Grundsatz der Gleichbehandlung in Bezug auf das Arbeitsentgelt nicht vorgesehen ist und das Erfordernis, dass die Überlassung nur „vorübergehend" sein darf, zeitlich nicht konkretisiert wird?

5. Falls die dritte Frage verneint wird:
Dürfen die nationalen Gerichte bei vom Grundsatz der Gleichbehandlung abweichenden Regelungen in Bezug auf die Arbeits- und Beschäftigungsbedingungen von Leiharbeitnehmern durch Tarifverträge gemäß Art. 5 Abs. 3 Richtlinie 2008/104/EG diese Tarifverträge ohne Einschränkung daraufhin überprüfen, ob die Abweichungen unter Achtung des Gesamtschutzes von Leiharbeitnehmern erfolgt sind oder gebieten Art. 28 GRC und/oder der Hinweis auf die „Autonomie der Sozialpartner" im Erwägungsgrund 19 der Richtlinie 2008/104/EG, den Tarifvertragsparteien in Bezug auf die Achtung des Gesamtschutzes von Leiharbeitnehmern einen gerichtlich nur beschränkt überprüfbaren Beurteilungsspielraum einzuräumen und - wenn ja - wie weit reicht dieser?"[272]

Eine Beantwortung der Fragen erfolgte im Urteil des EuGH vom 15. Dezember 2022 – Rs. C-311/21. Dazu sind im Urteil Schlussfolgerungen vermerkt.

- Zur ersten Frage:

[272] BAG, Beschluss vom 16.12.2020 – 5 AZR 143/19 (A), Rn. 1–13.

„Nach alledem ist auf die erste Frage zu antworten, dass Art. 5 Abs. 3 der Richtlinie 2008/104 dahin auszulegen ist, dass diese Bestimmung durch ihre Bezugnahme auf den Begriff „Gesamtschutz von Leiharbeitnehmern" nicht erfordert, ein den Leiharbeitnehmern eigenes Schutzniveau zu berücksichtigen, das über dasjenige hinausgeht, das durch nationales Recht und Unionsrecht betreffend die wesentlichen Arbeits- und Beschäftigungsbedingungen für die Arbeitnehmer im Allgemeinen festgelegt ist. Lassen die Sozialpartner jedoch durch einen Tarifvertrag Ungleichbehandlungen in Bezug auf wesentliche Arbeits- und Beschäftigungsbedingungen zum Nachteil von Leiharbeitnehmern zu, muss dieser Tarifvertrag, um den Gesamtschutz der betroffenen Leiharbeitnehmer zu achten, ihnen diese Vorteile in Bezug auf wesentliche Arbeits- und Beschäftigungsbedingungen gewähren, die geeignet sind, ihre Ungleichbehandlung auszugleichen."[273]

- Zur Frage 2a:
  „Nach alledem ist auf die Frage 2a zu antworten, dass Art. 5 Abs. 3 der Richtlinie 2008/104 dahin auszulegen ist, dass die Frage, ob die Pflicht zur Achtung des Gesamtschutzes von Leiharbeitnehmern erfüllt ist, konkret zu beurteilen ist, indem für einen bestimmten Arbeitsplatz die wesentlichen Arbeits- und Beschäftigungsbedingungen, die für die von dem entleihenden Unternehmen unmittelbar eingestellten Arbeitnehmer gelten, mit denen verglichen werden, die für Leiharbeitnehmer gelten, um so feststellen zu können, ob die in Bezug auf diese wesentlichen Arbeits- und Beschäftigungsbedingungen gewährten Ausgleichsvorteile es ermöglichen, die Auswirkungen der Ungleichbehandlung auszugleichen."[274]
- Zur Frage 2b:
  „Nach alledem ist auf die Frage 2b zu antworten, dass Art. 5 Abs. 3 der Richtlinie 2008/104 dahin auszulegen ist, dass die Pflicht zur Achtung des Gesamtschutzes von Leiharbeitnehmern nicht verlangt, dass der betreffende Leiharbeitnehmer durch einen unbefristeten Arbeitsvertrag an das Leiharbeitsunternehmen gebunden ist."[275]
- Zur dritten Frage:
  „Nach alledem ist auf die dritte Frage zu antworten, dass Art. 5 Abs. 3 der Richtlinie 2008/104 dahin auszulegen ist, dass der nationale Gesetzgeber nicht verpflichtet ist, die Voraussetzungen und Kriterien für die Achtung des Gesamtschutzes von Leiharbeitnehmern im Sinne dieser Bestimmung vorzusehen, wenn der betreffende Mitgliedstaat den Sozialpartnern die Möglichkeit einräumt,

[273] EuGH, Urteil vom 15.12.2022 – Rs. C311/21, Rn. 44.
[274] Ebd., Rn. 50.
[275] Ebd., Rn. 57.

Tarifverträge aufrechtzuerhalten oder zu schließen, die Ungleichbehandlungen in Bezug auf wesentliche Arbeits- und Beschäftigungsbedingungen zum Nachteil der Leiharbeitnehmer zulassen."[276]

- Zur vierten Frage:
  „Angesichts der Antwort auf die dritte Frage ist die vierte Frage nicht zu beantworten."[277]
- Zur fünften Frage:
  „Nach alledem ist auf die fünfte Frage zu antworten, dass Art. 5 Abs. 3 der Richtlinie 2008/104 dahin auszulegen ist, dass Tarifverträge, die nach dieser Bestimmung Ungleichbehandlungen in Bezug auf wesentliche Arbeits- und Beschäftigungsbedingungen zum Nachteil von Leiharbeitnehmern zulassen, einer wirksamen gerichtlichen Kontrolle unterliegen können müssen, um zu überprüfen, ob die Sozialpartner ihrer Pflicht zur Achtung des Gesamtschutzes dieser Arbeitnehmer nachkommen."[278]

Quellen

BAG, Beschluss vom 16. Dezember 2020 – 5 AZR 143/19 (A). Online https://www.bundesarbeitsgericht.de/wp-content/uploads/2021/07/5-AZR-143-19-{}-A.pdf [29.12.2022].

EuGH, Urteil vom 15. Dezember 2022 – Rs. C-311/21. Online https://eur-lex.europa.eu/legal-content/DE/TXT/PDF/?uri=CELEX:62021CJ0311&from=de
https://curia.europa.eu/juris/document/document.jsf?text=&docid=268610&pageIndex=0&doclang=DE&mode=req&dir=&occ=first&part=1

[276] Ebd., Rn. 68.
[277] Ebd., Rn. 69.
[278] Ebd., Rn. 79.

Anlage A6. Zur Personalgestellung – Verstoß gegen Leiharbeitsrichtlinie

Das BAG hat mit Beschluss vom 16. Juni 2021 – 6 AZR 390/20 (A) angefragt: „Der Gerichtshof der Europäischen Union wird gemäß Art. 267 des Vertrags über die Arbeitsweise der Europäischen Union (AEUV) um Vorabentscheidung über folgende Fragen ersucht:

1. Findet Art. 1 Abs. 1 und Abs. 2 der Richtlinie 2008/104/EG des Europäischen Parlaments und des Rates vom 19. November 2008 über Leiharbeit Anwendung, wenn – wie in § 4 Abs. 3 TVöD bestimmt – Aufgaben eines Arbeitnehmers zu einem Dritten verlagert werden und dieser Arbeitnehmer bei weiter bestehendem Arbeitsverhältnis zu seinem bisherigen Arbeitgeber auf dessen Verlangen die arbeitsvertraglich geschuldete Arbeitsleistung dauerhaft bei dem Dritten erbringen muss und dabei dem fachlichen und organisatorischen Weisungsrecht des Dritten unterliegt?
2. Sofern die Frage zu 1. bejaht wird:
   Ist es mit dem Schutzzweck der Richtlinie 2008/104/EG vereinbar, wenn wie durch § 1 Abs. 3 Nr. 2b AÜG die Personalgestellung im Sinne von § 4 Abs. 3 TVöD aus dem Anwendungsbereich der nationalen Schutzvorschriften bei Arbeitnehmerüberlassung herausgenommen wird, sodass diese Schutzvorschriften auf die Fälle der Personalgestellung nicht anzuwenden sind?“

Das Verfahren ist beim EuGH als Rs. C-427/21 anhängig. In die Liste der Dokumente zur Rechtssache ist noch kein Urteil des EuGH aufgenommen.

Quellen

Bundesarbeitsbericht Sechster Senat, Vorlagebeschluss (EuGH) vom 16. Juni 2021 – 6 AZR 390/20 (A).
Online `https://www.bundesarbeitsgericht.de/wp-content/uploads/2021/07/6-AZR-390-20-{}-A.pdf` [29.12.2022]

Liste der Dokumente zur Rs. C-427/21.
Online `https://curia.europa.eu/juris/documents.jsf?nat=or&mat=or&pcs=Oor&jur=C%2CT%2CF&num=C-427%252F21&for=&jge=&dates=&language=de&pro=&cit=none%252CC%252CCJ%252CR%252C2008E%252C%252C%252C%252C%252C%252C%252C%252C%252C%252Ctrue%252Cfalse%252Cfalse&oqp=&td=%3BALL&avg=&lgrec=de&page=1&lg=&cid=41359`
[29.12.2022].

Anlage A7. Zur Zahlung von Zuschlägen bei Inanspruchnahme des Mindestjahresurlaubs

Das BAG hat mit Beschluss vom 17. Juni 2020 – 10 AZR 210/19 (A) angefragt:
„Der Gerichtshof der Europäischen Union wird nach Art. 267 AEUV um Vorabentscheidung über die Frage ersucht:

Stehen Art. 31 Abs. 2 der Charta der Grundrechte der Europäischen Union und Art. 7 der Richtlinie 2003/88/EG einer Regelung in einem Tarifvertrag entgegen, die für die Berechnung, ob und für wie viele Stunden einem Arbeitnehmer Mehrarbeitszuschläge zustehen, nur die tatsächlich gearbeiteten Stunden berücksichtigt und nicht auch die Stunden, in denen der Arbeitnehmer seinen bezahlten Mindestjahresurlaub in Anspruch nimmt?“

Eine Beantwortung der Fragen erfolgte im Urteil des EuGH vom 13. Januar 2022 – Rs. C-514/20. Dazu ist im Urteil folgende Schlussfolgerung vermerkt:
„Nach alledem ist Art. 7 Abs. 1 der Richtlinie 2003/88 im Licht von Art. 31 Abs. 2 der Charta dahin auszulegen, dass er einer Regelung in einem Tarifvertrag entgegensteht, nach der für die Berechnung, ob die Schwelle der zu einem Mehrarbeitszuschlag berechtigenden Arbeitszeit erreicht ist, die Stunden, die dem vom Arbeitnehmer in Anspruch genommenen bezahlten Jahresurlaub entsprechen, nicht als geleistete Arbeitsstunden berücksichtigt werden.“[279]

Quellen

Bundesarbeitsgericht Zehnter Senat, Beschluss vom 17. Juni 2020 – 10 AZR 210/19 (A).
Online `https://www.bundesarbeitsgericht.de/wp-content/uploads/2021/01/10-AZR-210-19-{}-A.pdf` [29.12.2022]

EuGH, Urteil vom 13. Januar 2022 – Rs. C-514/20. Online `https://eur-lex.europa.eu/legal-content/DE/TXT/PDF/?uri=CELEX:62020CJ0514&from=DE` [29.12.2022].

[279] EuGH, Urteil vom 13. Januar 2022 – Rs. C-514/20, Rn. 46.

Anlage A8. Atypisch ist fast normal

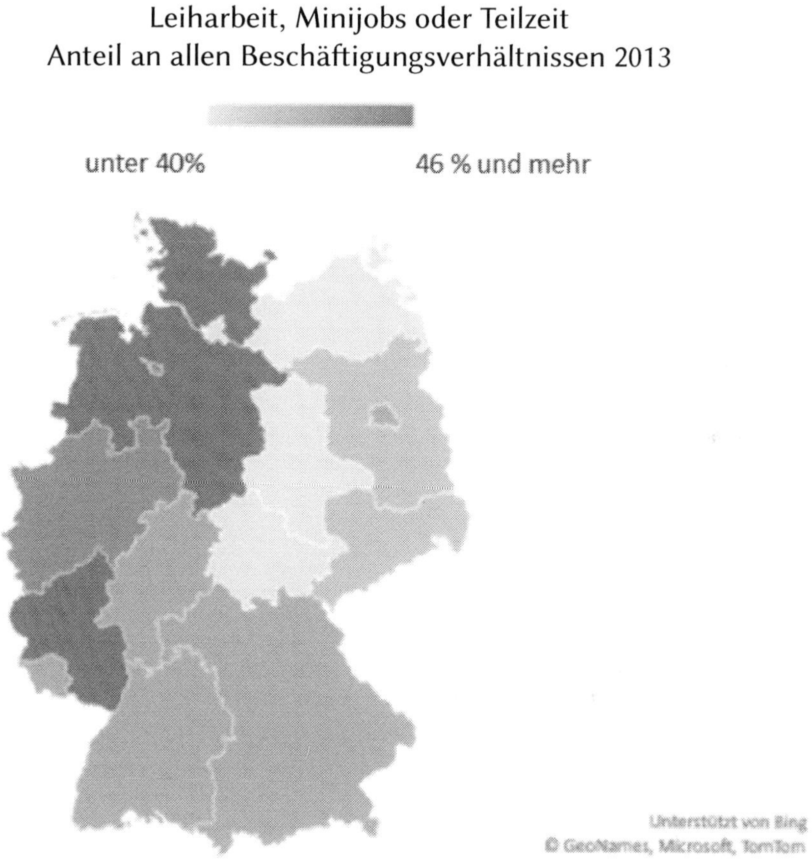

Abbildung 4: Eigene Darstellung: basierend auf WSI-Datenbank „Atypische Beschäftigung" | Böckler impuls 14/2014

Anlage A9. Entwicklung der Zeitarbeit

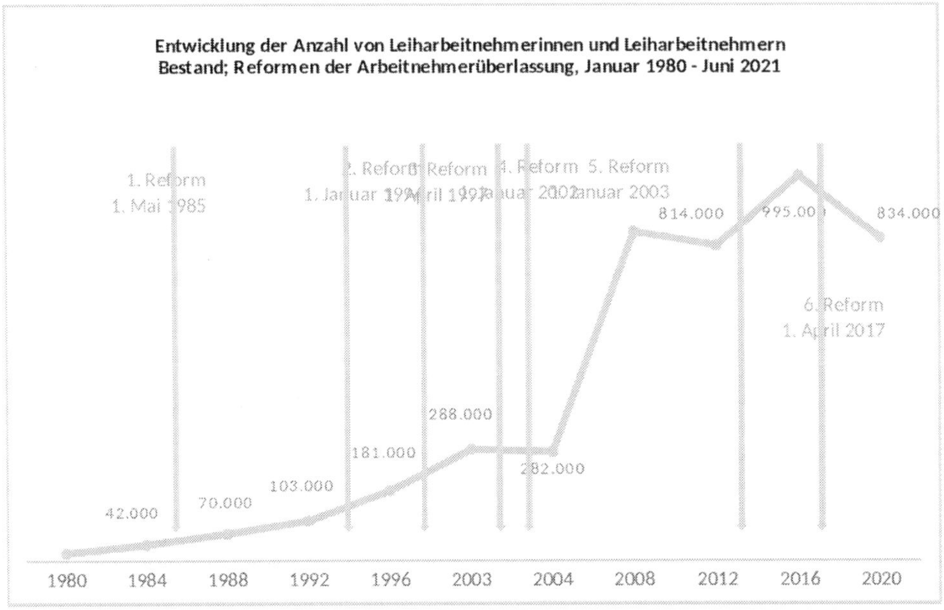

Abbildung 5: Eigene Darstellung: basierend auf Statistik der Bundesagentur für Arbeit

Zeitarbeitskräfte nach Tätigkeitsfeldern Bestand; gleitender Jahresdurchschnitt Juli 2020 bis Juni 2021

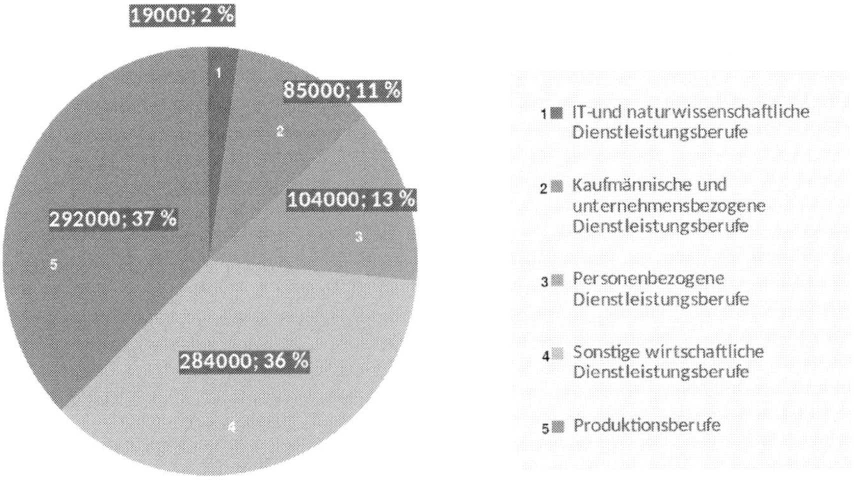

Abbildung 6: Eigene Darstellung: basierend auf Statistik der Bundesagentur für Arbeit

Anlage A10. Gegenüberstellung

Merkmal	LeihAN mit Merkmal (Anzahl)	LeihAN mit Merkmal und weniger als 0,6814 Entgeltpunkten mindestens (prozentual und Anzahl)	
Geschlecht			
Frauen	148.029	60 %:	88.817
Altersgruppen			
15 bis unter 25 Jahre	93.582	60 %:	56.149
Staatsangehörigkeit			
Ausländer (gem. Glossar der BA)	264.520	60 %:	158.712
Berufsabschluss			
ohne beruflichen Abschluss	171.041	80 %:	136.833
Anforderungsniveau			
Helfer	349.858	80 %:	279.886
ausgeübte Tätigkeit			
S11 Land-, Forst- und Gartenbauberufe	2.644	60 %:	1.586
S12 Fertigungsberufe	132.335	60 %:	79.401
S21 Lebensmittel- und Gastgewerbeberufe	13.952	80 %:	11.162
S52 Verkehrs- und Logistikberufe	217.779	80 %:	174.223
S53 Reinigungsberufe	4.393	80 %:	2.636

Abbildung 7: eigene Darstellung

Anlage A11. Gegenüberstellung von Arbeitsentgelten

Gebiet/ soziodemografische Merkmale/ Berufsabschluss/ Wirtschaftszweige (WZ 2008)/ Anforderungsniveau/ ausgeübte Tätigkeit (Klassifikation der Berufe 2010)	Sozialversicherungspflichtig vollzeitbeschäftigte Leiharbeitnehmer der Kerngruppe[1] mit Angaben zum Entgelt 2021, zu Entgeltpunkten 2021 (Spalten a) und Rente nach 45 Beitragsjahren mit gleichen Entgeltpunkten (Spalten b)									
	Anzahl	Verteilungsparameter								
		Grenze zwischen 1. und 2. Quintil			Grenze zwischen 2. und 3. Quintil			Median		
	1	2	2a	2b	3 €	3a	3b	4 €	4a	4b
Insgesamt	619.841	1.625 €	0,4819	781 €	1.899 €	0,5633	914 €	2.083 €	0,6178	1.001 €
Bundesländer (Arbeitsort)										
Schleswig-Holstein	12.656	1.579 €	0,4683	759 €	1.841 €	0,5459	886 €	2.058 €	0,6103	989 €
Hamburg	19.351	1.699 €	0,5040	817 €	2.080 €	0,6170	1.001 €	2.292 €	0,6797	1.102 €
Niedersachsen	52.140	1.572 €	0,4661	756 €	1.843 €	0,5467	887 €	2.030 €	0,6022	976 €
Bremen	10.214	1.609 €	0,4773	774 €	1.955 €	0,5797	941 €	2.230 €	0,6615	1.072 €
Nordrhein-Westfalen	147.356	1.594 €	0,4727	766 €	1.863 €	0,5524	896 €	2.045 €	0,6064	983 €
Hessen	46.491	1.655 €	0,4908	796 €	1.996 €	0,5920	961 €	2.226 €	0,6603	1.070 €
Rheinland-Pfalz	28.376	1.591 €	0,4718	765 €	1.829 €	0,5424	880 €	1.963 €	0,5823	944 €
Baden-Württemberg	89.641	1.678 €	0,4975	806 €	1.981 €	0,5876	953 €	2.184 €	0,6477	1.050 €
Bayern	97.257	1.695 €	0,5026	815 €	2.019 €	0,5989	972 €	2.228 €	0,6608	1.071 €
Saarland	7.187	1.451 €	0,4302	697 €	1.746 €	0,5177	840 €	1.893 €	0,5614	910 €
Berlin	18.577	1.660 €	0,4923	798 €	2.036 €	0,6038	980 €	2.240 €	0,6642	1.077 €
Brandenburg	13.191	1.590 €	0,4716	764 €	1.780 €	0,5280	857 €	1.901 €	0,5638	914 €
Mecklenburg-Vorpommern	6.948	1.603 €	0,4755	771 €	1.813 €	0,5377	873 €	1.956 €	0,5800	940 €
Sachsen	33.669	1.634 €	0,4847	786 €	1.828 €	0,5422	880 €	1.953 €	0,5792	939 €
Sachsen-Anhalt	13.354	1.556 €	0,4615	748 €	1.741 €	0,5164	838 €	1.844 €	0,5470	887 €
Thüringen	23.431	1.585 €	0,4700	762 €	1.773 €	0,5258	853 €	1.868 €	0,5540	898 €
Geschlecht										
Männer	471.812	1.638 €	0,4858	787 €	1.933 €	0,5733	930 €	2.118 €	0,6280	1.018 €
Frauen	148.029	1.596 €	0,4732	767 €	1.806 €	0,5355	869 €	1.961 €	0,5815	943 €
Altersgruppen										
15 bis unter 25 Jahre	93.582	1.367 €	0,4053	657 €	1.653 €	0,4903	796 €	1.756 €	0,5207	844 €
25 bis unter 55 Jahre	444.206	1.650 €	0,4894	793 €	1.944 €	0,5766	936 €	2.141 €	0,6348	1.029 €
55 bis unter 65 Jahre	78.478	1.755 €	0,5204	844 €	2.069 €	0,6136	996 €	2.257 €	0,6692	1.085 €
Staatsangehörigkeit										
Deutsche	355.316	1.712 €	0,5078	823 €	2.100 €	0,6228	1.011 €	2.333 €	0,6920	1.122 €
Ausländer[2]	264.520	1.556 €	0,4614	748 €	1.751 €	0,5192	843 €	1.863 €	0,5526	896 €
Berufsabschluss										
ohne beruflichen Abschluss	171.041	1.430 €	0,4242	688 €	1.660 €	0,4923	799 €	1.743 €	0,5169	838 €
mit anerkanntem Berufsabschluss	327.357	1.749 €	0,5187	841 €	2.103 €	0,6238	1.012 €	2.296 €	0,6809	1.104 €
mit akademischem Abschluss	58.243	2.297 €	0,6811	1.104 €	3.485 €	1,0336	1.677 €	4.046 €	1,1999	1.945 €
Anforderungsniveau										
Helfer	349.858	1.512 €	0,4485	727 €	1.707 €	0,5063	822 €	1.799 €	0,5336	865 €
Fachkraft	207.870	1.940 €	0,5753	933 €	2.309 €	0,6849	1.111 €	2.486 €	0,7373	1.195 €
Spezialist	31.943	2.717 €	0,8058	1.306 €	3.558 €	1,0553	1.712 €	3.975 €	1,1788	1.911 €
Experte	30.170	3.703 €	1,0981	1.780 €	4.646 €	1,3777	2.236 €	5.022 €	1,4893	2.414 €
ausgeübte Tätigkeit										
S1 Produktionsberufe	269.437	1.723 €	0,5109	828 €	2.058 €	0,6102	990 €	2.240 €	0,6642	1.077 €
S2 Personenbezogene Dienstleistungsberufe	45.918	1.743 €	0,5169	838 €	2.398 €	0,7111	1.154 €	2.920 €	0,8661	1.404 €
S3 Kaufmännische und unternehmensbezogene Dienstleistungsberufe	60.797	1.970 €	0,5842	947 €	2.510 €	0,7444	1.208 €	2.823 €	0,8372	1.357 €
S4 IT- und naturwissenschaftliche Dienstleistungsberufe	18.756	2.229 €	0,6609	1.071 €	2.981 €	0,8841	1.435 €	3.498 €	1,0375	1.682 €
S5 Sonstige wirtschaftliche Dienstleistungsberufe	224.933	1.465 €	0,4346	704 €	1.681 €	0,4987	809 €	1.772 €	0,5254	852 €

1) Zum Begriff Kerngruppe siehe Glossar der BA, 2023, S. 57

2) Zum Begriff Ausländer siehe Glossar der BA, 2023, S. 12

Datenbasis: Statistik der BA Leiharbeitnehmer und Verleihbetriebe - Dezember 2021, Tabelle 6.1 Online https://statistik.arbeitsagentur.de/SiteGlobals/Forms/Suche/Einzelheftsuche_Formular.html?nn=15024&topic_f=beschaeftigung-anue-anue [11.01.2022] nachrichtlich: **alle** sozialversicherungspflichtig Vollzeitbeschäftigte der Kerngruppe[1] mit Angabe zum Entgelt2021, Entgeltpunkten 2021 und Rente nach 45 Beitragsjahren bei gleichen Entgeltpunkten

Grenze zwischen 3. und 4. Quintil	Grenze zwischen 4. und 5. Quintil		Anzahl	Verteilungsparameter Median der erzielten Entgelte			Verhältnis Median der erzielten Entgelte (LeihAV/alle AN)
5 €	6a	6b	9	10 €	10a	10b	
2.311 €	0,9093	1.474 €	21.743.380	3.516 €	1,0426	1.692 €	59,3%
2.283 €	0,8740	1.417 €	617.152	3.254 €	0,9649	1.566 €	63,2%
2.541 €	1,0453	1.694 €	673.295	3.962 €	1,1751	1.907 €	57,8%
2.247 €	0,8605	1.395 €	1.911.489	3.366 €	0,9982	1.620 €	60,3%
2.641 €	0,9432	1.529 €	211.082	3.668 €	1,0878	1.765 €	60,8%
2.287 €	0,9066	1.470 €	4.596.465	3.566 €	1,0576	1.716 €	57,3%
2.507 €	1,1202	1.816 €	1.730.623	3.799 €	1,1266	1.828 €	58,6%
2.157 €	0,8446	1.369 €	915.430	3.449 €	1,0228	1.660 €	56,9%
2.444 €	0,9706	1.573 €	3.170.434	3.843 €	1,1397	1.849 €	56,8%
2.475 €	0,9533	1.545 €	3.754.746	3.663 €	1,0863	1.763 €	60,8%
2.092 €	0,7876	1.277 €	252.103	3.514 €	1,0421	1.691 €	53,9%
2.483 €	0,9465	1.534 €	991.224	3.631 €	1,0770	1.748 €	61,7%
2.080 €	0,7915	1.283 €	536.878	2.878 €	0,8536	1.385 €	66,0%
2.104 €	0,7494	1.215 €	359.133	2.785 €	0,8259	1.340 €	70,2%
2.103 €	0,7657	1.241 €	1.004.020	2.857 €	0,8473	1.375 €	68,4%
1.992 €	0,7060	1.144 €	500.632	2.855 €	0,8467	1.374 €	64,6%
1.989 €	0,7141	1.157 €	518.174	2.807 €	0,8324	1.351 €	66,5%
2.334 €	0,8997	1.458 €	14.659.185	3.649 €	1,0822	1.756 €	58,0%
2.206 €	0,9504	1.541 €	7.084.195	3.276 €	0,9715	1.576 €	59,9%
					0,0000		
1.884 €	0,6918	1.121 €	1.348.270	2.610 €	0,7742	1.256 €	67,3%
2.385 €	0,9412	1.526 €	15.607.758	3.566 €	1,0576	1.716 €	60,0%
2.475 €	0,9823	1.592 €	4.585.152	3.731 €	1,1066	1.796 €	60,5%
2.611 €	1,0406	1.687 €	18.608.016	3.643 €	1,0804	1.753 €	64,0%
2.005 €	0,7363	1.193 €	3.134.891	2.728 €	0,8089	1.313 €	68,3%
1.843 €	0,6460	1.047 €	1.790.642	2.567 €	0,7612	1.235 €	67,9%
2.514 €	0,9374	1.519 €	13.837.202	3.386 €	1,0043	1.630 €	67,8%
4.577 €	1,7240	2.794 €	4.424.910	5.359 €	1,5894	2.579 €	75,5%
1.909 €	0,6775	1.098 €	2.812.641	2.426 €	0,7196	1.168 €	74,2%
2.696 €	0,9978	1.617 €	12.037.098	3.259 €	0,9665	1.568 €	76,3%
4.395 €	1,6194	2.625 €	3.435.343	4.522 €	1,3410	2.176 €	87,9%
5.468 €	> 1.9870	> 3.221 €	3.458.298	5.729 €	1,6990	2.757 €	87,7%
2.443 €	0,9087	1.473 €	7.274.589	3.511 €	1,0412	1.690 €	63,8%
3.365 €	1,2534	2.032 €	3.686.182	3.269 €	0,9694	1.573 €	89,3%
3.212 €	1,3260	2.149 €	6.528.477	4.060 €	1,2040	1.954 €	69,5%
4.074 €	1,6239	2.632 €	1.168.371	4.965 €	1,4726	2.390 €	70,5%
1.875 €	0,6626	1.074 €	3.085.761	2.683 €	0,7957	1.291 €	66,0%

Gegenüberstellung Arbeitsentgelte LeihAN und allen anderen AN (eigene Darstellung)
Bei der Berechnung der Entgeltpunkte wurde für 2021 ein Jahresdurchschnittsverdienst von 40.463 € gem. Anlage 1 SGB VI zugrunde gelegt.
Bei der Ermittlung der Rente nach 45 Beitragsjahren wurde der aktuelle Rentenwert gem. § 1 Abs. 1 RWBestG 2022 in Höhe von 36,02 € verwendet (Art. 3 G. v. 28.06.2022 BGBl. I, Nr. 22, S. 975, 978).